Impressum
Verlag: BABADADA GmbH, Nedderfeld 112 , 22529 Hamburg
Geschäftsführer / Verlagsleitung: Harald Hof
Druck: Books on Demand GmbH, In de Tarpen 42, 22848 Norderstedt

Imprint
Publisher: BABADADA GmbH, Nedderfeld 112 , 22529 Hamburg, Germany
Managing Director / Publishing direction: Harald Hof
Print: Books on Demand GmbH, In de Tarpen 42, 22848 Norderstedt, Germany

ښوونځی
shkolla

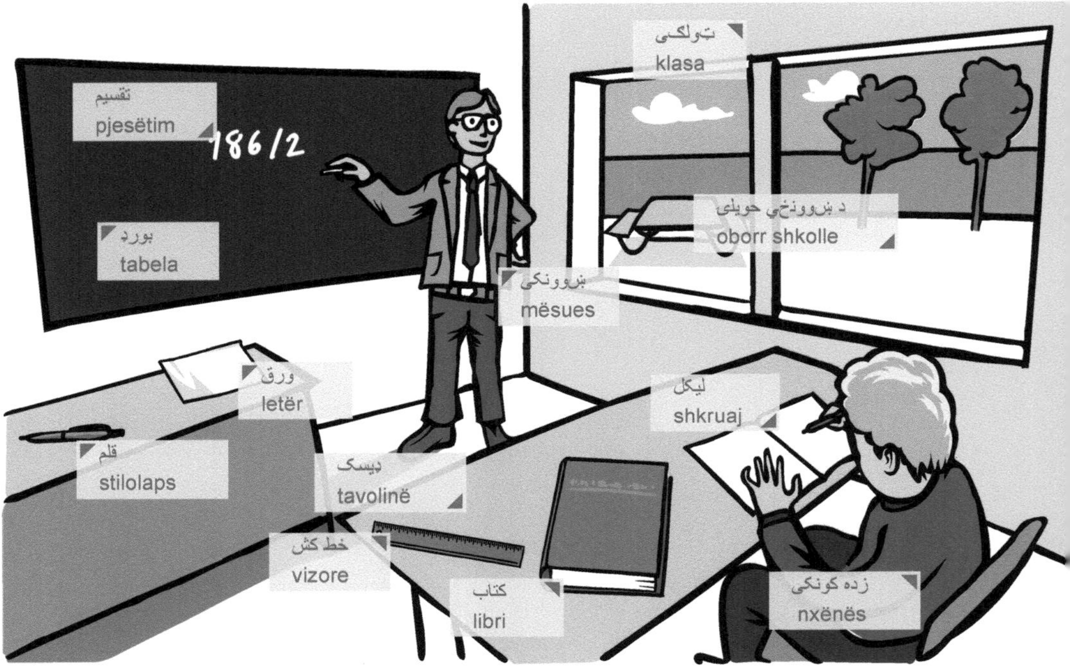
ټولګی
klasa
تقسيم
pjesëtim
186/2
بورډ
tabela
د ښوونځي حويلی
oborr shkolle
ښوونکی
mësues
ورق
letër
ليکل
shkruaj
قلم
stilolaps
ډيسک
tavolinë
خط کش
vizore
کتاب
libri
زده کونکی
nxënës

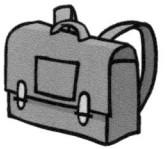

کڅوړه

çantë

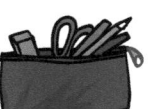

د پنسل بکسه

mbajtëse lapsash

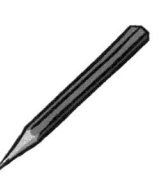

پنسل

laps

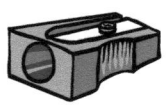

پنسل تراش

mprehës lapsash

ربړ

gomë

د رسامۍ پاڼه

fletore vizatimi

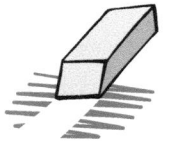

رسمي رسا
vizatim

د نقاشی برس
penel

د نقاشی بکس
kuti bojërash

قیچی
gërshërë

شیرس
ngjitës

د تمرین کتاب
fletore detyrash

کورنی ی دنده
detyrë shtëpie

12

ریمش
numër

2+2

جمع
mbledh

5-2

یفنم
zbres

2×2

ضرب
shumëzoj

حساب
llogaris

A

یروت
gërmë

ABCDEFG HIJKLMN OPQRSTU VWXYZ

الفبا
alfabeti

hello

کلمه
fjalë

متن

tekst

للستلو

lexoj

تباشير

shkumës

درس

mësim

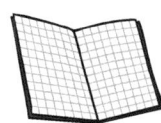

رجستر

regjistër

زموينه

provim

تصديق پانه

çertifikatë

د ښوونځي يونيفارم

uniformë shkolle

تعليم

arsimim

دايره المعارف

enciklopedia

پوهنتون

universitet

مايكروسكوپ

mikroskop

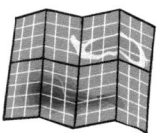

نقشه

hartë

اشغالدانی

kosh letrash

سفر

udhëtim

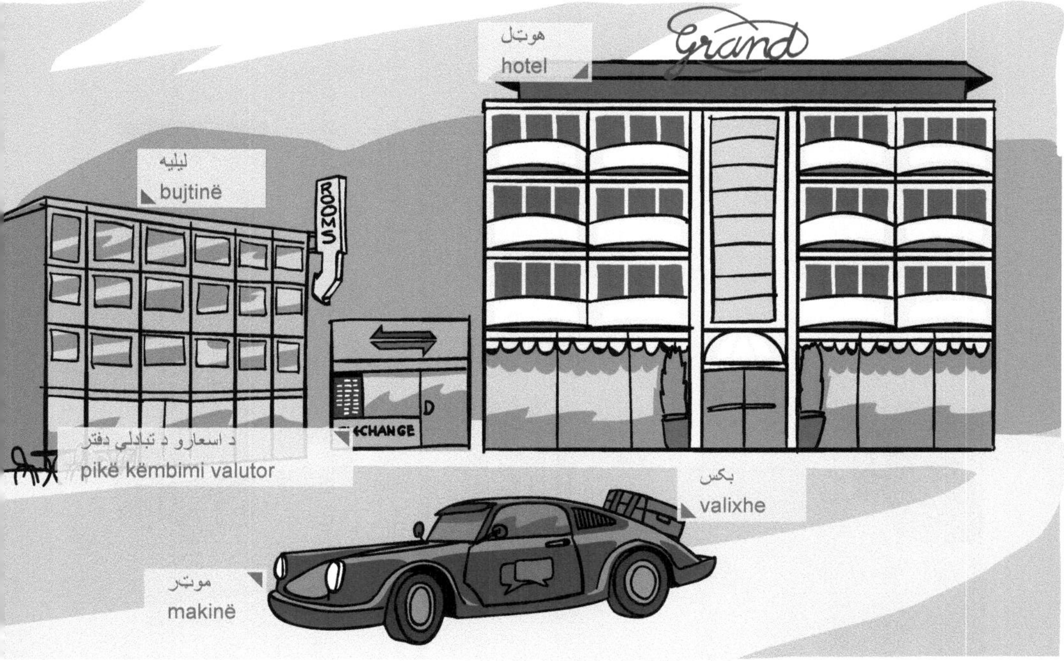
هوټل
hotel
Grand
ليليه
bujtinë
ROOMS
د اسعارو د تبادلې دفتر
pikë këmbimi valutor
EXCHANGE
بکس
valixhe
موټر
makinë

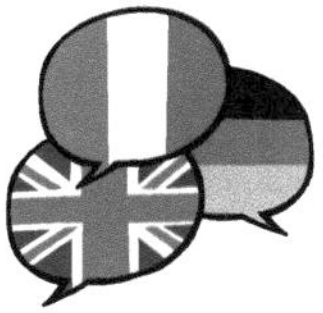

ژبه
gjuhë

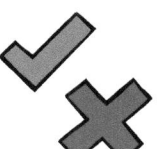

هو/نه
po / jo

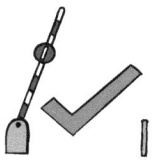

سمه ده
Në rregull

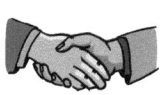

سلام
ç'kemi

ژباړونکی
përkthyes

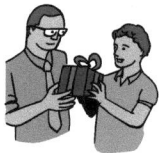

مننه
Faleminderit

څومره دي...؟

sa kushton...?

زه نه پوهیږم

nuk e kuptoj

ستونزه

problem

ماښام مو پخیر!

Mirëmbrëma!

سهار په خیر!

Mirëmëngjes!

شپه په خیر!

Natën e mirë!

په مخه مو ښه

mirupafshim

لارښود

drejtim

سامان

bagazhet

بیگ

çantë

شاتنی بکس

çantë shpine

میلمه

mysafir

خونه

dhomë

د خوب کڅوړه

thes gjumi

خیمه

tendë

د توریزم معلومات

informacion për turistët

ساحل

plazh

کریدیت کارت

kartë krediti

ناری

mëngjes

د غرمی خواړه

drekë

د شپی خواړه

darkë

ټیکټ

Biletë

لفت

ashensor

مهر

pulla

پوله

kufi

کمرک

doganë

سفارت

ambasadë

ویزه

vizë

پاسپورت

pasaportë

ټرانسپورټ

transport

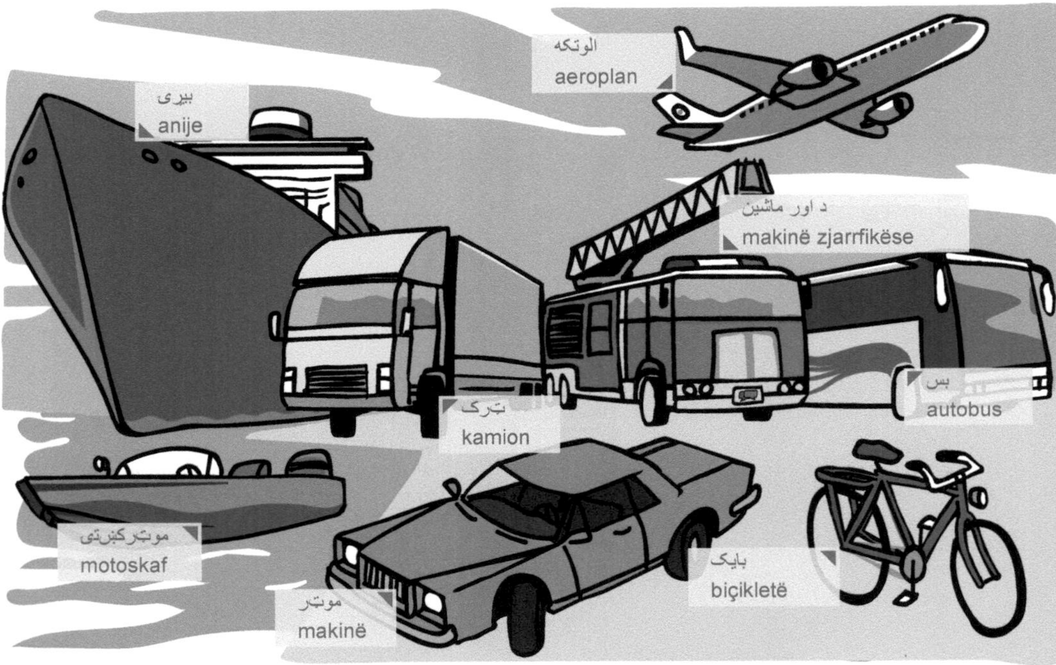

الوتکه
aeroplan
بیړی
anije
د اور ماشین
makinë zjarrfikëse
بس
autobus
ټرک
kamion
موټرکښتۍ
motoskaf
بایک
biçikletë
موټر
makinë

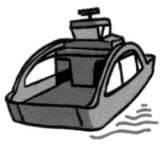

کښتۍ

traget

کښتۍ

varkë

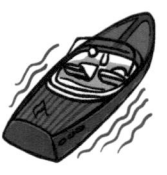

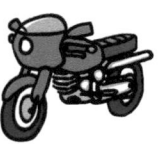

موټرسایکل

motoçikletë

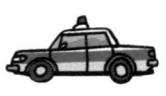

د پولیسو موټر

makinë policie

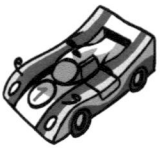

د ریس موټر

makinë garash

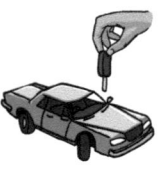

کرایی موټر

makinë me qira

د کرایه موټري

ndarje e qirasë së makinës

کرټ کنونی لرلیقت جر

karroatrec

کرټ زویفیر

makinë plehrash

موټر

motor

یکوت گنوس

benzinë

پټرول ستیشن

pikë karburanti

ترافیکي نښه

sinjalistikë trafiku

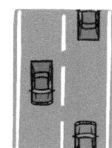

ترافیک

trafik

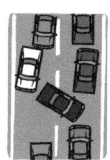

جام ترافیک

bllokim trafiku

د موټرو ټمخای

parkim makinash

د ریل ستیشن

stacion treni

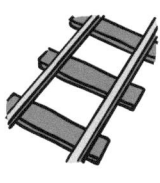

پاتتکي

trase

ریل

tren

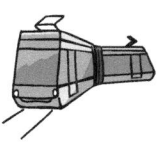

ټرام

tramvaj

واکون

karro

چورلکه

helikopter

هوايي ډکر

aeroport

برج

kullë

مسافر

pasagjer

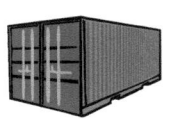

کانتينرز

kontenier

کارتون

kuti kartoni

کارت

qerre

ټوکری

shportë

الوتنه کوۍ/کښينستل/پورته

ngrihem / ulem

کلی

fshat

د ښار مرکز

qendra e qytetit

کور

shtëpi

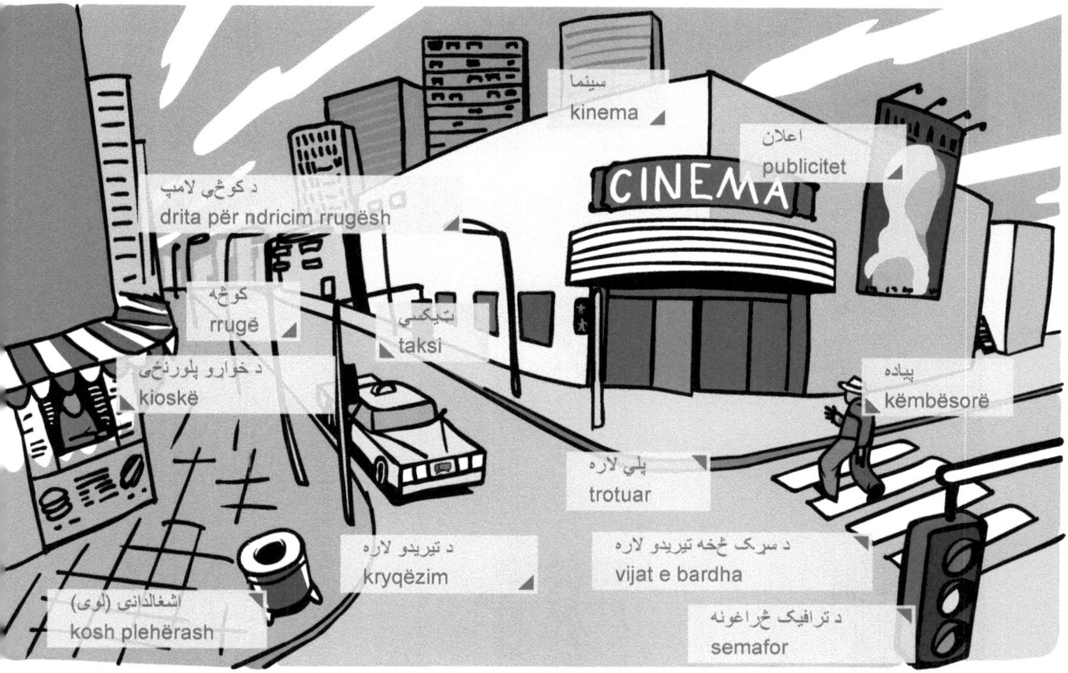
سینما
kinema
اعلان
publicitet
د کوڅې لامپ
drita për ndricim rrugësh
کوڅه
rrugë
ټیکسي
taksi
CINEMA
د خوارو پلورنځی
kioskë
پیاده
këmbësorë
پلي لاره
trotuar
د تیریدو لاره
kryqëzim
د سرک څخه تیریدو لاره
vijat e bardha
اشغالدانی (لوی)
kosh plehërash
د ترافیک څراغونه
semafor

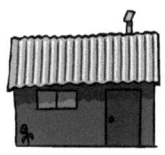

کوډله

kasolle

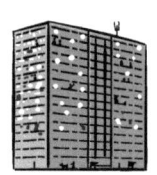

اپارتمان

apartament

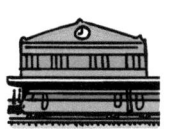

د ریل سټیشن

stacion treni

ټاون هال

bashki

MUSEUM

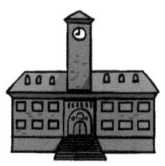

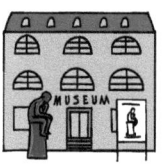

میوزیم

muze

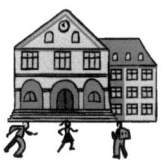

ښوونځی

shkolla

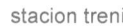

پوهنتون

universitet

بانک

bankë

روغتون

spital

هوتل

hotel

درملتون

farmaci

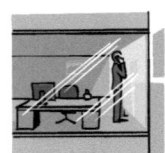

دفتر

zyrë

کتاب پلورنځی

librari

پلورنځی

dyqan

د ګلانو پلورنځی

dyqan lulesh

لوی پلورنځی

supermarket

مارکیت

market

د ډیپارټمنټ سټور

mapo

کب پلورنځی

dyqan peshku

د پلور مرکز

qëndër tregtare

لنګرتون

port

کارپ
....
park

چینب
....
stol

لپ
....
urë

هنیز
....
shkallë

یدنالا یکمخ د
....
metro

لنوت
....
tunel

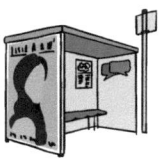

یاخمت سب
....
stacion autobuzi

راب
....
bar

تناروتسیر
....
restorant

سکب تسوپ
....
kuti postare

هنښن یڅوک د
....
sinjalistikë rrugore

رتیم کولوک کراپ د
....
kohëmatës parkimi

نیوژ
....
kopsht zoologjik

ضوح وبمال د
....
pishinë

دجسم
....
xhami

كرونده

 fermë

ناپاكي

ndotje

هديره

varrezë

چرچ

kishë

د لوبو دكر

shesh lojërash

معبد/كليسا

tempull

پانه
gjethe

د لارښوونى تښه
tabela orientuese

لاره
rrugë

چمن
livadh

كاڼى
gurë

ونه
pemë

هيكر
ekskursionist

سيند
lumë

ونه
pemë

وابښه
bar

گل
lule

دره
luginë

غوندی
kodër

ناور
liqen

خنگل
pyll

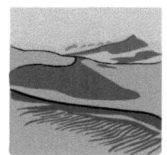

دشته
shkretëtirë

اورشیندی
vullkan

کلا
kështjellë

رنگین کمان
ylber

مرخیري
kepudhë

پلم ونه
palmë

ماشي
mushkonjë

الوتل
mizë

میری
milingonë

مچی
bletë

غوندد/جولا
merimangë

كونكيت

brumbull

چونگیشه

bretkosë

نولى

ketër

زیریکی

iriq

سوى

lepur

كونگ

buf

مرغى

zog

قازه

mjellmë

نرخوك

derr i egër

هوسى

dre

گاوزه

dre brilopatë

بند

digë

بادي توربين

turbinë ere

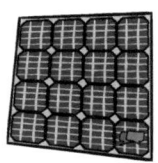

سولر تختى

panel diellor

اقليم

klimë

ریسټورانټ
restorant

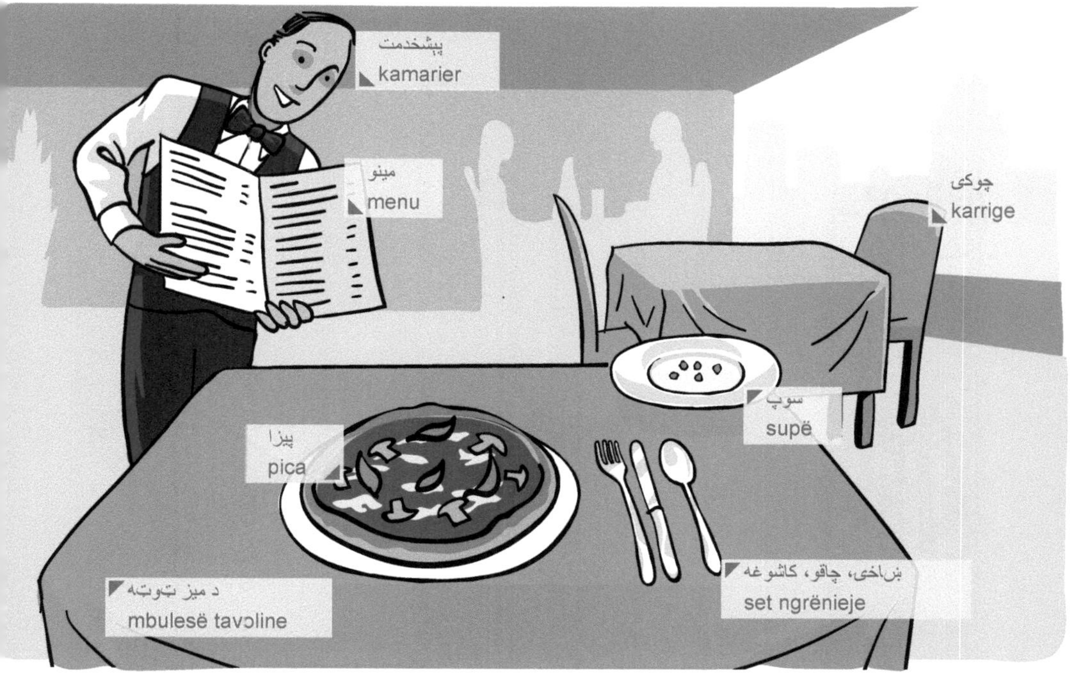

پېشخدمت
kamarier
مینو
menu
چوکی
karrige
سوپ
supë
پیزا
pica
ښاخی، چاقو، کاشوغه
set ngrënieje
د میز ټوټه
mbulesë tavoline

ستارټر
....
pjatë e parë

اصلي خواړه
....
pjatë kryesore

شیرني
....
ëmbëlsirë

څښاک
....
pije

خواړه
....
ushqim

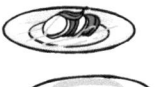

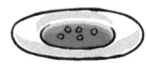

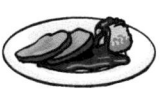

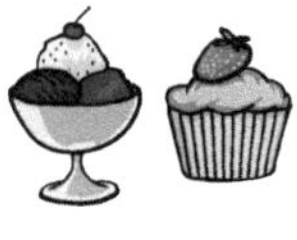

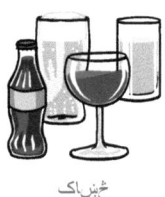

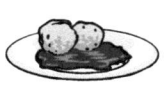

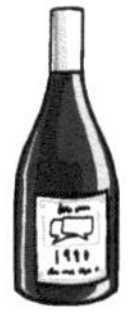

بوتل
....
shishe

فاست فود

ushqim i shpejtë

د کوڅي خواره

ushqim i shërbyer në rrugë

چای جوش

ibrik çaji

قندانی

kuti sheqeri

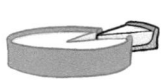

برخه

racion

اسپرسو مشین

makinë kafeje ekspres

لوړه چوکی

karrige e lartë

رسید

faturë

مجمه

tabaka

چاکو

thika

پنجه

pirun

قاشق

lugë

چای قاشق

lugë çaji

سورویت

pecetë

گلاس

gotë

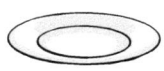

پلیټ
....
pjatë

د سوپ پلیټ
....
pjatë supe

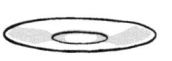

کیالبکی
....
pjatë filxhani

ساس
....
salcë

کنیدونیش هکالم
....
mbajtëse kripe

د مرچ تکوکول یخوی
....
mulli piperi

سرکه
....
uthull

يوري
....
vaj

مسالە
....
erëza

کچ اپ
....
keçap

مشرٹ
....
mustardë

کہچ
....
majonezë

لوی پلورنځی

supermarket

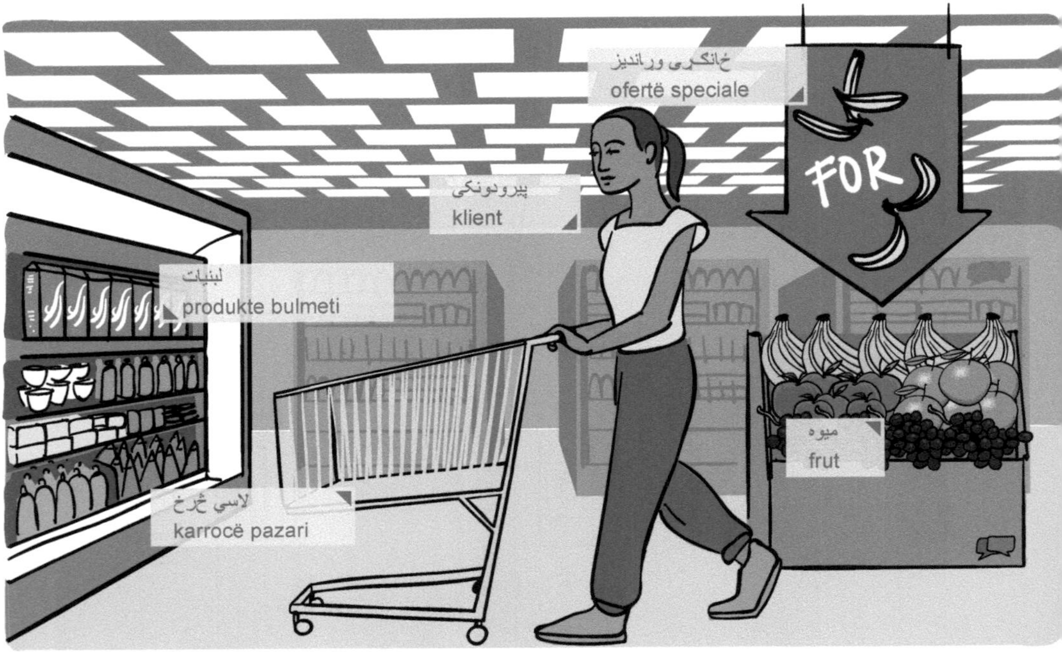
ځانګړی وړاندیز
ofertë speciale
FOR
پیرودونکی
klient
لبنیات
produkte bulmeti
میوه
frut
لاسي څرخ
karrocë pazari

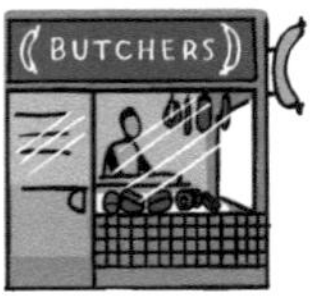
BUTCHERS

قصابي

dyqan mishi

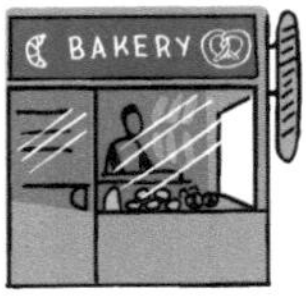
BAKERY

نانوایی

furrë buke

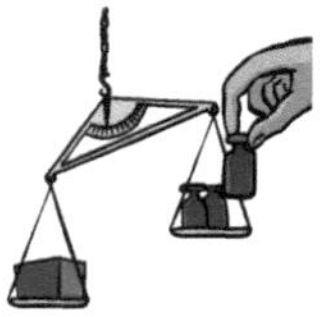

وزن کول

peshoj

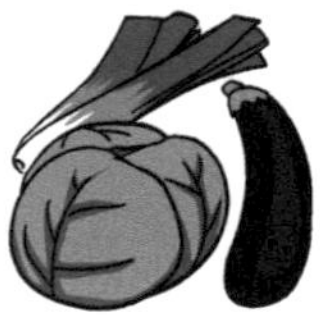

سبزیجات

perime

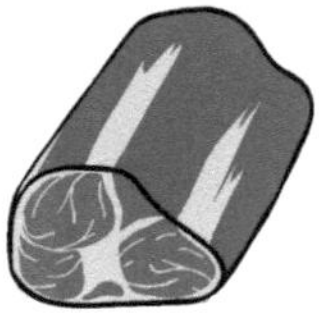

غوښه

mish

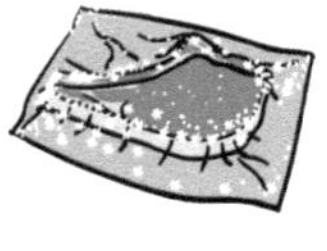

کنګل خواړه

ushqim i ngrirë

ھيخه غوښه

copë

كنسروا خواړه

ushqim i konservuar

د مينځلو پوډر

pluhur larës

ښيريني

ëmbëlsirat

كورني توليدات

prodhime shtëpie

د پاكولو محصولات

produkte pastrimi

د پلور فرد

shitëse

د نغدي راجستر

kasë fiskale

صراف

arkëtar

د پيرود ليست

listë blerjeje

كاري ساعتونه

oraret e punës

بټوه

portofol

كريډيټ كارت

kartë krediti

كڅوړه

çantë

پلاستيك كڅوړه

qese plastike

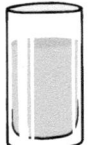

اوبه

ujë

سوج

lëng frutash

شیده

qumësht

کوک

koka-kola

واین

verë

بیر

birrë

الکول

alkool

ککاو

kakao

چای

çaj

کافي

kafe

اسپرسو

kafe ekspres

کپچینو

kapuçino

كيله

banane

مڼه

mollë

نارنج

portokalle

هندوانه

pjepër

ليمو

limon

كازره

karrotë

هوږه

hudhër

بانكس

bambu

پياز

qepë

مرخيړي

kërpudha

چغزى

arra

آش

makarona

سپیگتي

spageti

وریجی

oriz

سلاد

sallatë

چپس

patate të skuqura

سره کري کچالو

patate të skuqura

پیزا

pica

همبرگر

hamburger

ساندویچ

sanduiç

کتره

shnicel

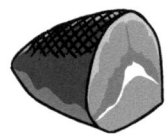

د پتّون غوښه

proshutë

سلمي

sallam

ساسچ

salçiçe

چرگ

pulë

روسټ

skuq

کب

peshk

د وربشی شیرني
....
tërshërë

موسلي
....
drithëra

د جوار پلی
....
kornfleiks

اوره
....
miell

کروسانت
....
kruasant

د ډوډی رول
....
panine

ډوډی
....
bukë

تَوسټ
....
tost

بسکیټ
....
biskotë

کوچ
....
gjalp

چکه
....
gjizë

کیک
....
tortë

هګی
....
vezë

پښي هګی
....
vezë sy

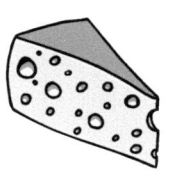

پنیر
....
djathë

آيس كريم

akullore

بوره

sheqer

شهد

mjaltë

مربا

marmaladë

نوگات كريم

çokokrem

كوركمان

këri

کرونده

fermë

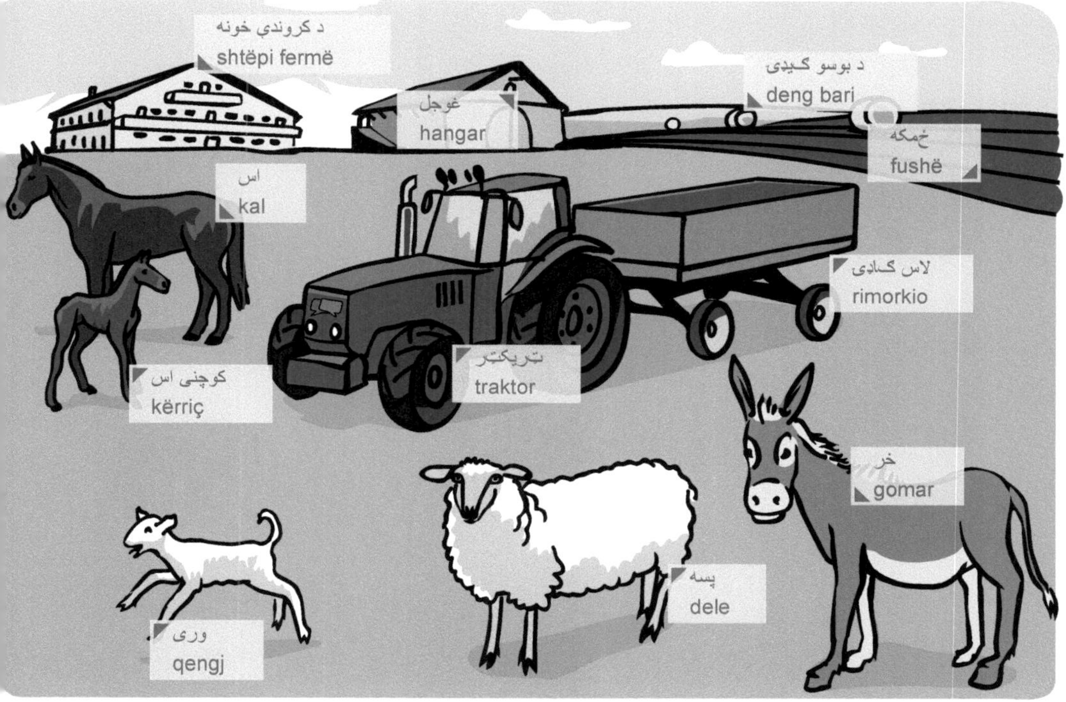

د کروندي خونه
shtëpi fermë
د بوسو کېډۍ
deng bari
غوجل
hangar
ځمکه
fushë
اس
kal
لاس ګاډی
rimorkio
کوچنی اس
kërriç
ټریکټر
traktor
خر
gomar
پسه
dele
وری
qengj

وزه

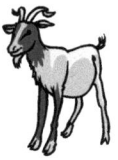

dhi

غوا

lopë

خوسکی

viç

خوګ

derr

د خوګ بچی

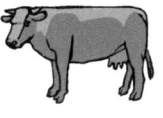

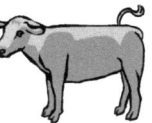

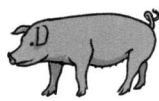

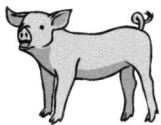

derrkuc

غویی

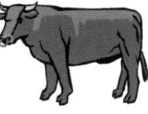

dem

بته

patë

هیلی

rosë

چرکوری

zog pule

چرکه

pulë

بانگي

gjel

سارای موږک

mi

پیشک

mace

موږک

mi

غویی

buall

سپی

qen

د سپي خونه

kolibe qeni

د باغ هوز

zorrë vaditëse

د اوبو لوخی

vaditëse

لور (داس)

kosë

یوی

plug

لور

drapër

ىبمر

shat

ىخاش‌ب

kosa

ربت

sëpatë

ىچارك

karrocë

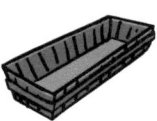

هوان

govatë

د شیدولوخی

bidon qumështi

جوال

thes

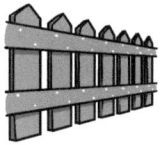

هرادتک

gardh

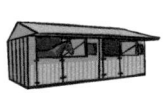

مضبوط

ahur

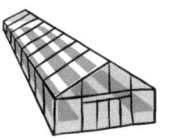

هنوخ هنش

serë

هروا‌خ

dhe

مخت

farë

دوک/ه/رس

pleh

نیشام ىکنویبیر دگ

autokombanjë

زیرمه کول

korr

درمند

te korrat

خوازره کچالو

patate e ëmbël "Yam"

غنم

grurë

سویا

soja

کچالو

patate

جوار

misër

نباتي تخم

raps

د ميوي ونه

pemë frutore

مانیوک

zhardhok manioku

غله

drithëra

کور
shtëpi

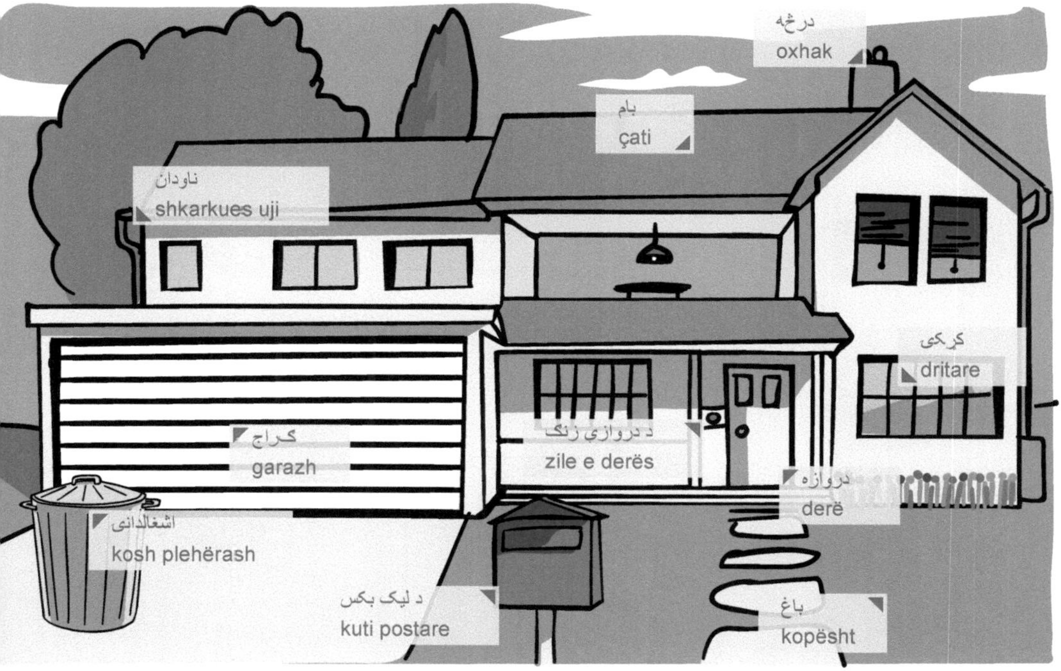
درځه
oxhak
بام
çati
ناودان
shkarkues uji
کړکۍ
dritare
ګراج
garazh
د دروازې زنګ
zile e derës
دروازه
derë
اشغالدانی
kosh plehërash
د لیک بکس
kuti postare
باغ
kopësht

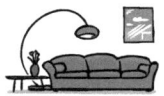

د اوسیدو خونه

dhomë ndenjeje

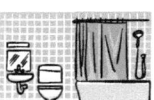

حمام

tualet

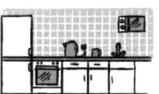

پخلنځی

kuzhinë

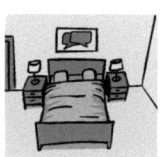

د ویده کیدو خونه

dhomë gjumi

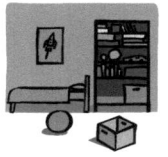

د ماشوم خونه

dhomë fëmijësh

د خوړو خونه

dhomë ngrënieje

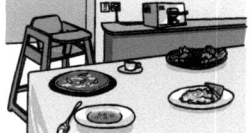

فرش
dysheme

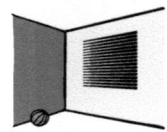

ديوال
mur

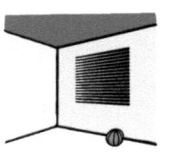

چت
tavan

زيرخانه
bodrum

سونا
sauna

بالکونی
ballkon

سراس
tarracë

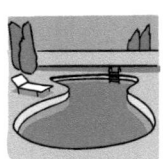

حوض
pishinë

د چمن وهلو ماشين
kositëse bari

شيت
çarçaf

روجايی
kuvertë

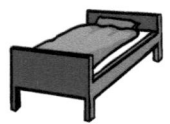

تخت
krevat

جارو
fshesë dore

بوکه
kovë

سويچ
çelës

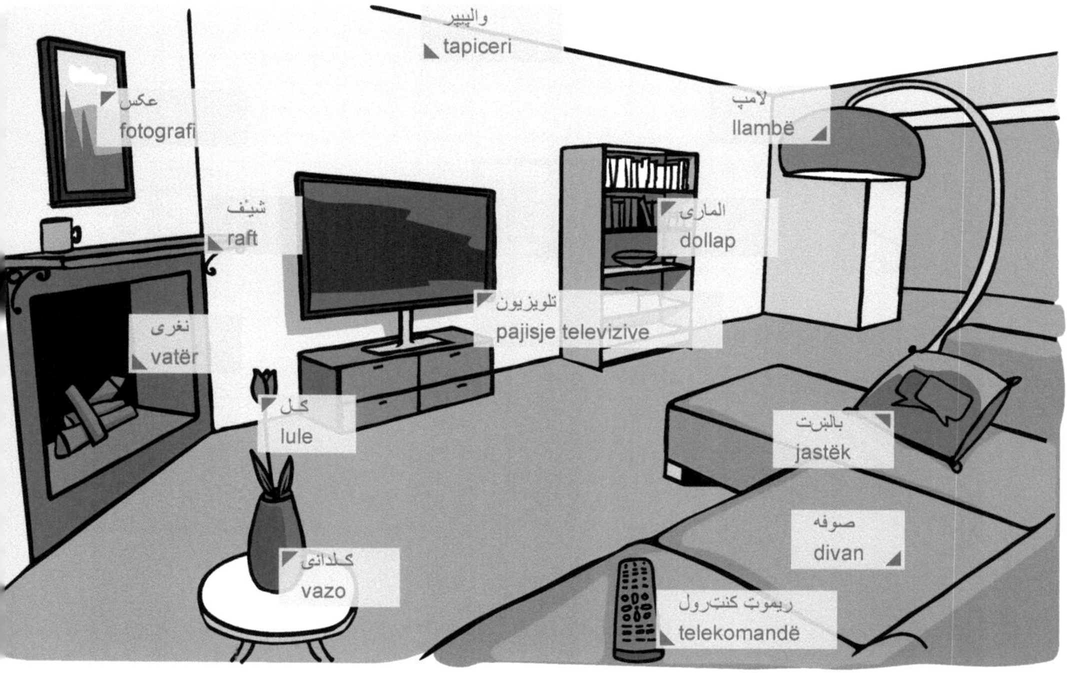

تاپيسيري
tapiceri

لامپ
llambë

عکس
fotografi

شيـف
raft

الماری
dollap

تلويزيون
pajisje televizive

نغری
vatër

گل
lule

بالښت
jastëk

صوفه
divan

گلدانی
vazo

ريموټ کنترول
telekomandë

غالی
qilim

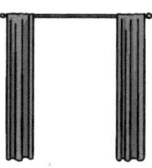

پرده
perde

ميز
tavolinë

چوکی
karrige

تاويدونکي چوکی
karrige lëkundëse

بازو لرونکی چوکی
kolltuk

كِتاب
....
libri

كمپل
....
batanije

ډیکوریشن
....
zbukurime

د اور لرګي
....
dru zjarri

فلم
....
film

هایفای
....
stereo

کلي
....
çelës

ورځپاڼه
....
gazetë

نقاشي
....
pikturë

پوستر
....
afishe

رادیو
....
radio

کتابچه
....
bllok shënimesh

واکیوم جارو
....
fshesë me korent

کاکتوس
....
kaktus

شمع
....
qiri

پخلنځی
kuzhinë

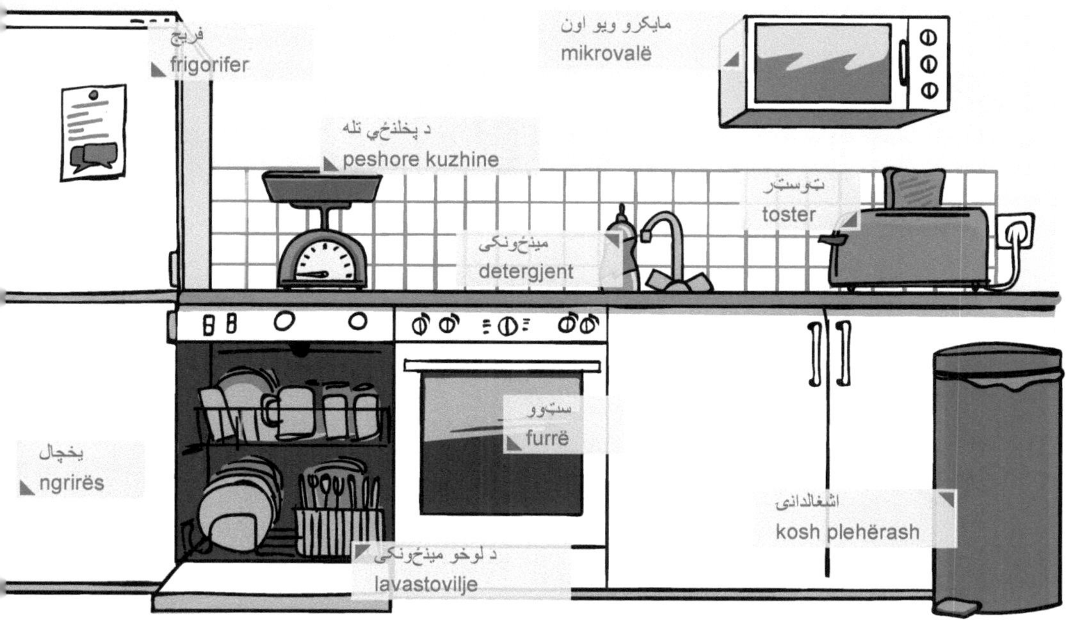
فریج
frigorifer
مایکرو ویو اون
mikrovalë
د پخلنځي تله
peshore kuzhine
ټوستر
toster
مینځونکی
detergjent
سټوو
furrë
یخچال
ngrirës
اشغالدانی
kosh plehërash
د لوخو مینځونکی
lavastovilje

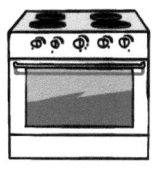

دیګ بخار

sobë

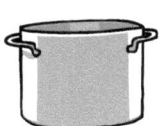

لوخی

tenxhere

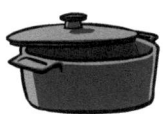

چدني لوخی

tenxhere me kapak

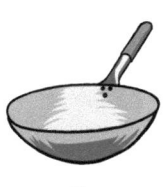

ووک

tigan special (Wok)

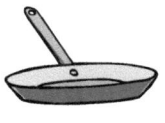

د تلي په

tigan

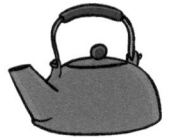

چای جوش

çajnik

د بخار ديگ

tenxhere me avull

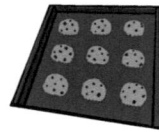

پتنوس

tavë pjekjeje

لوخي

enë

مگ

filxhan

كاسه

tas

د رانيولو اوزار

shkopinj

څمڅی

garuzhde

كفگير

spatul

پاكونكی

tel kuzhine

صافي

kulluese

غلبيل

sitë

گريبتر

rende

اونگ

havan

بار بی كيو

skarë

خلاص اور

zjarr

تخته

dërrasë për prerje

هواورنکی

okllai

کارک سکریو

heqëse tapash

تـيم

kanaçe

د تـيم خلاصونکی

hapëse kanaçeje

د لوخي تـوتـه

rrobë për të kapur tenxheren

ظرف شوی

lavaman

برس

furçë

سپنج

sfungjer

بلیندر

përzjerës

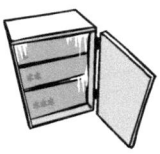

ژور یخچال

ngrirës

د ماشوم بوتل

biberon për lëngje

نل

rubinet

حمام

tualet

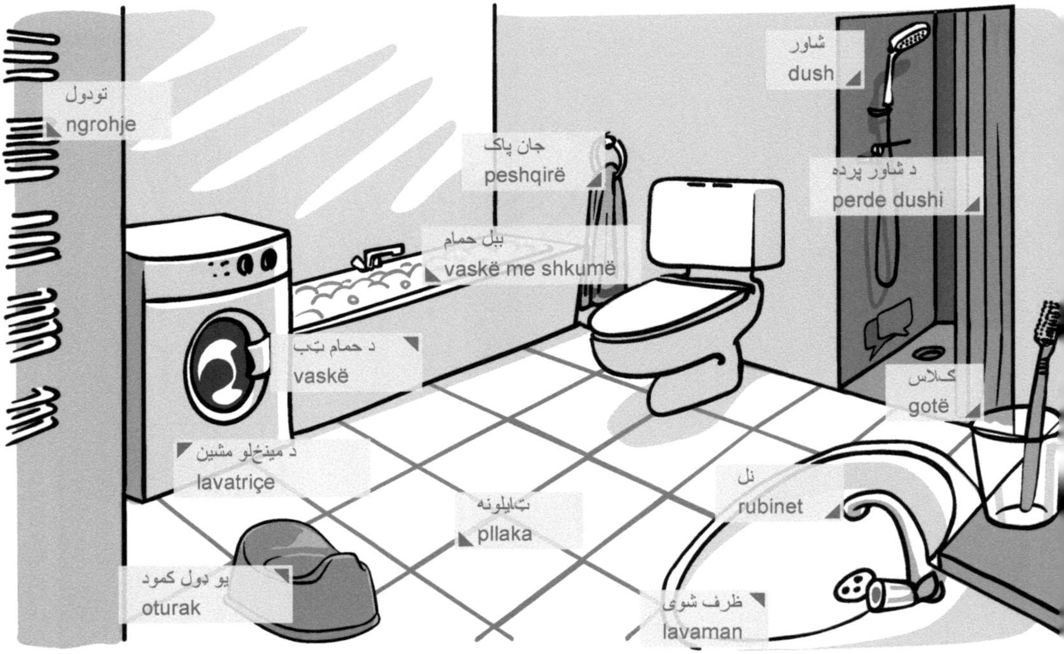
تودول
ngrohje
جان پاک
peshqirë
شاور
dush
د شاور پرده
perde dushi
ببل حمام
vaskë me shkumë
د حمام ټب
vaskë
ګلاس
gotë
د مينځلو مشين
lavatriçe
نل
rubinet
ټايلونه
pllaka
يو ډول کمود
oturak
ظرف شوی
lavaman

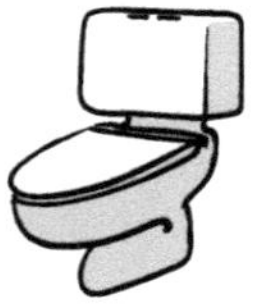

تشناب

tualet

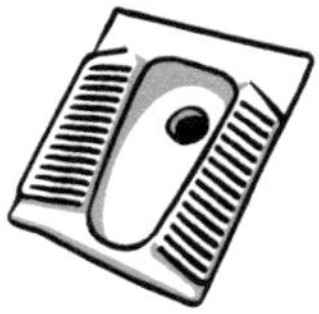

فرشي کمود

WC e sheshtë

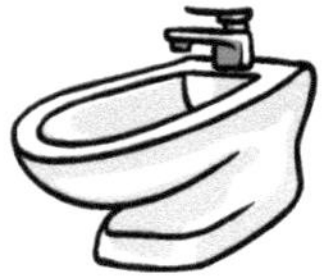

کمود

bide

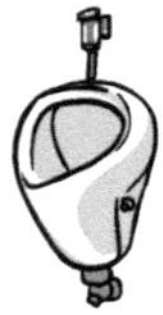

د متيازو ځای

tualet publik

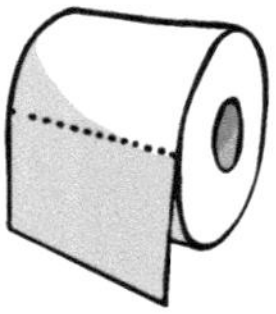

تشناب کاغذ

letër higjienike

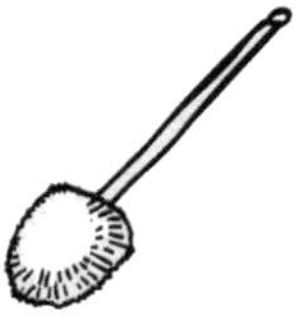

د تشناب برس

furçe për WC

د غاښونو برس

furçë dhëmbësh

د غاښونو کريم

pastë dhëmbësh

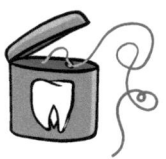

د غاښونو نخ

fije dentare

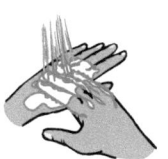

مينځل

laj

د لاسي شاور

dorezë dushi

شاور

larës për zonën intime

کانک

legen

د شا برس

furçë për masazh shpine

صابون

sapun

د شاور ژل

shampo trupi

شامپو

shampo

د جامه فلالن

leckë pastruese

لوچو

kullues

کريم

krem

سپرى

antidjersë

آينه

pasqyrë

آينه ياسي

pasqyrë dore

ريزر

brisk rroje

د خريلو فوم

shkumë rroje

د خريلو وروسته

locion pas rrojes

كمذخ

krehër

برس

furçë

د ويښتانو وچونكى

tharëse flokësh

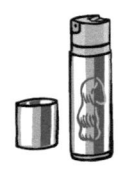

د ويښتانو سپرى

llak për flokët

ميك اپ

grim

ليپ ستيك

buzëkuq

د نوكانو پالش

manikyr

كاتن ورى

mbushje pambuku

ناخن گير

gërshërë për thonj

عطر

parfum

د مینځلو کڅوړه

çantë për sendet personale

سټول

Stol

د وزن کولو تله

peshore

د حمام پوښاک

robëdëshambër

د ربر دستکش

dorashka gome

ټامپون

tampon

صحیی جان پاک

peceta higjienike

کیمیکل ټشناب

tualet I lëvizshëm

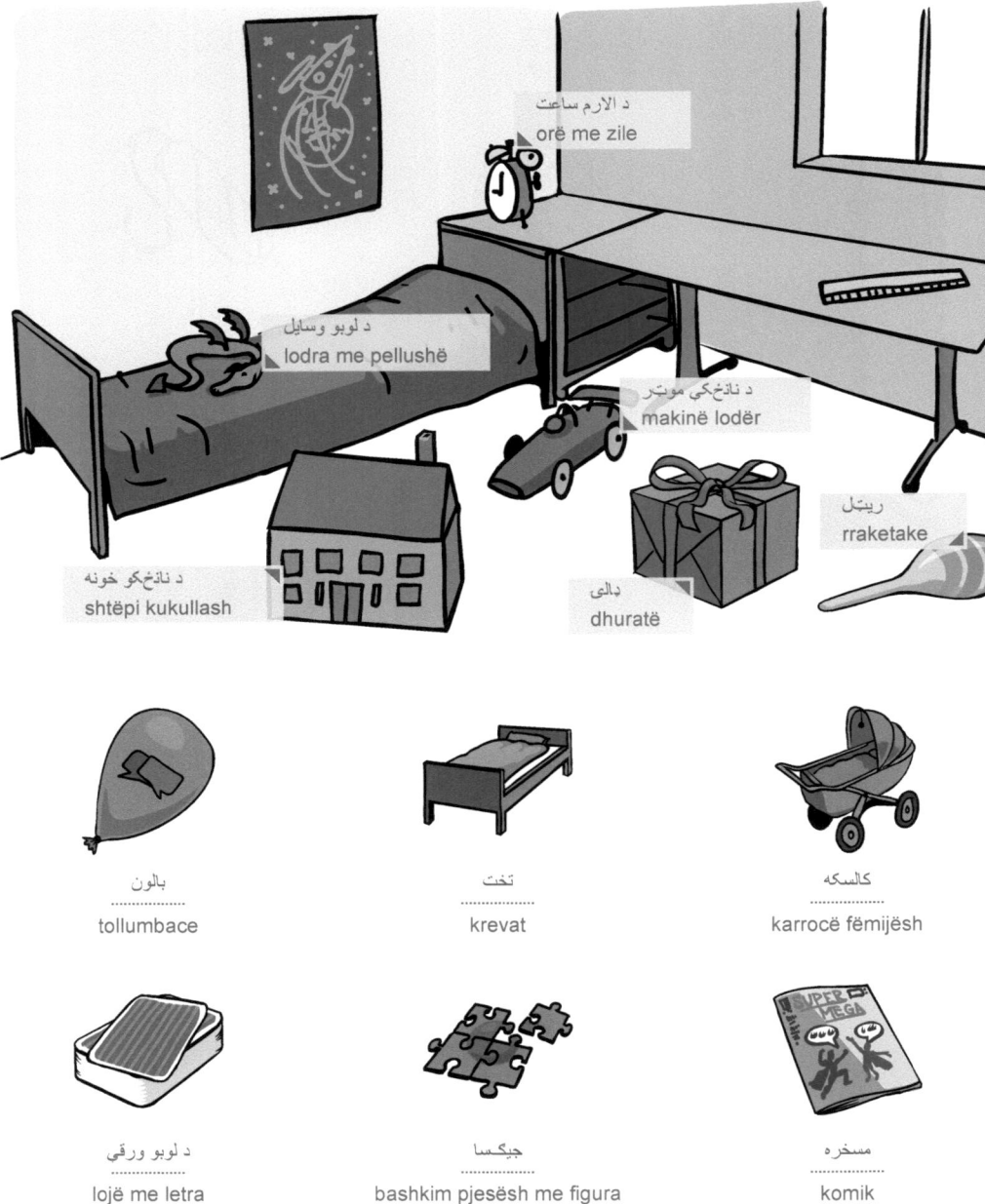

د الارم ساعت
orë me zile

د لوبو وسايل
lodra me pellushë

د ناڅخکي موټر
makinë lodër

ريټل
rraketake

د نانځکو خونه
shtëpi kukullash

ډالۍ
dhuratë

بالون
tollumbace

تخت
krevat

کالسکه
karrocë fëmijësh

د لوبو ورقۍ
lojë me letra

جيگسا
bashkim pjesësh me figura

مسخره
komik

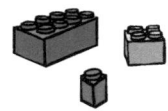

ليكو بريك

formuese lodër

د ناڅوکو بلاک

kuba plastikë

د اكشن فيگور

lodra

د ماشوم پوښشاک

badi

فريزبي

frizbi

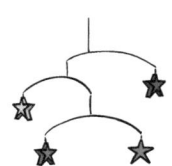

موبايل

lodra të varura tek krevati i fëmijëve

بورد لوبه

tavolinë lojërash

تاس

zare

مادل ريل سيت

model treni

ګونګشی

biberon

پارتي

festë

د عکسونو البوم

libër me ilustrime

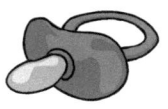

بال

top

ناڅوکه

kukull

لوبيدل

luaj

د شکو کنده
....
grumbull rëre

سوينګ
....
kolovarëse

نانځکی
....
lodra

د ويډيو لوبو کنسول
....
leva për lojra video

ترای سايکل
....
triçikël

ګوډکه
....
arush prej pellushi

د کالو الماری
....
garderobë

پوښاک

veshje

جرابی
....
çorape

لوږي جرابی
....
çorape të gjata

ستاينتس
....
geta

زروکی
shall

چترى
çadër

کمربند
rrip

تي شرت
bluzë pa jakë

بوتـان
çizme

سلیپر
pantofla

سنیکر
atlete

سیندل
sandale

بوتـان
këpucë

د ربر بوتـان
çizme llastiku

زیرنیکري
të mbathura

سینه بند
reçipeta

واسکټ
kanotierë

بادي

trup

پتلون

pantallona

جينز

xhinse

لمن

fund

بلاوز

bluzë

ثرت

këmishë

بنيان

pulovër

سويتر

triko

بليزر

xhaketë

جاكت

xhaketë

كوت

pallto

د باران كوت

mushama shiu

پوشاك

kostum

كالي

fustan

د واده پوشاك

fustan nusërie

دريشي

kostum

د شپې پوښاک

këmishë nate

پاجامه

pizhama

ساري

sari (veshje tradicionale indiane)

لوپټه

shami koke

پټکی

çallmë

برقه

veshje për femrat e besimit musliman

كفتن

kaftan (lloj veshjeje tradicionale)

عبا

ferexhe

د لامبو پوښاک

kostum banje

نيكر

rroba banje

شارټ

pantallona të shkurtra

د خۇغاستی پوښاک

tuta sporti

پيش بند

përparëse

دستكش

dorashka

بټنن

kopsë

عینک

syze

لاس بند

byzylyk

غاړه کی

gjerdan

ګوتمه

unazë

غوږوالۍ

vath

خولۍ

kapuç

کوټ بند

varëse për pallto

خولۍ

kapele

نتايي

kravatë

خنځير

zinxhir

هيلميټ

helmetë

تړونکی

tiranda

د ښوونځي يونيفارم

uniformë shkolle

يونيفارم

uniformë

بيب
....
gushore

كـونگكشى
....
biberon

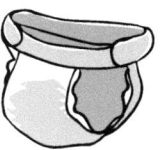

نيپي
....
pelenë

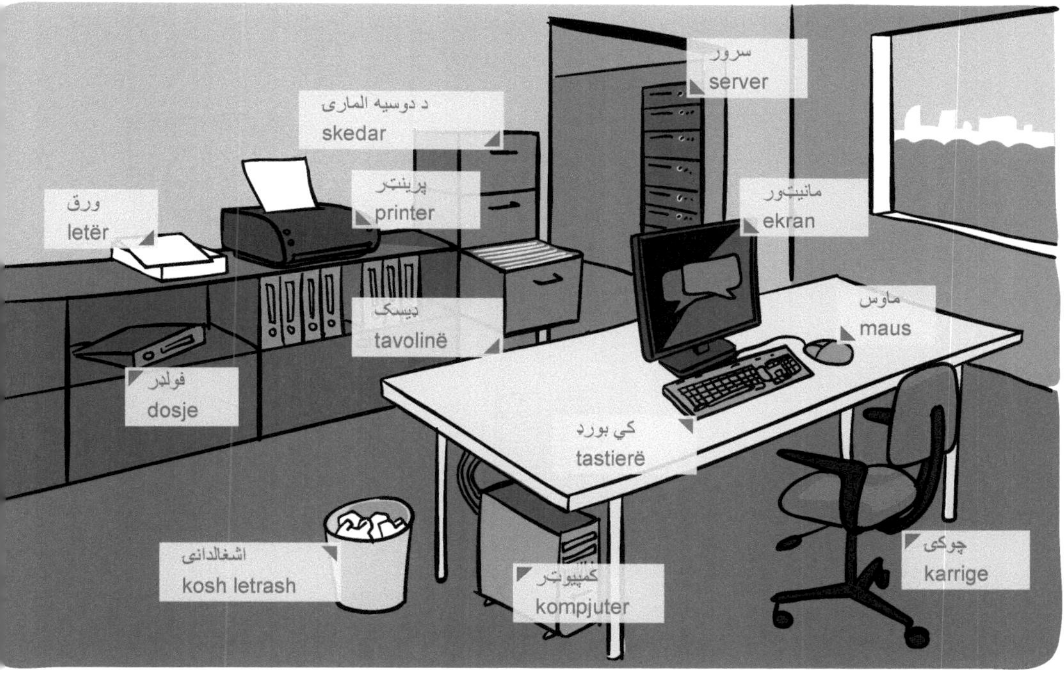

سرور
server

د دوسيه الماری
skedar

مانيتـور
ekran

پرينتـر
printer

ورق
letër

ماوس
maus

ديسک
tavolinë

فولډر
dosje

كي بورد
tastierë

اشغالدانی
kosh letrash

چركی
karrige

كمپيوتـر
kompjuter

د كافي پياله
....
filxhan kafeje

كالكوليتـر
....
makinë llogaritëse

انتـرنيت
....
internet

پاپ‌تاپ لپ

kompjuter portativ

لیک

letër

پیغام

mesazh

لایپوم

telefon

کرووتین

rrjet

فوتوکاپیر

fotokopje

ریوتفاس

program

نوفیلت

telefon

پلک ساکت

prizë

فکس مشین

pajisje faksi

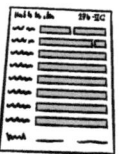

فارم

formular

سند

dokument

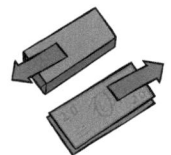

پيرل

blej

تاديه كول

paguaj

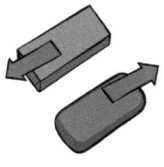

سوداگري كول

tregtoj

پيسي

para

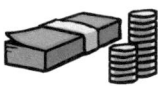

دالر

dollar

يورو

euro

ين

jen

ربل

rubla

سويسي فرانک

franga zvicerane

رينمينبي يوان

juani kinez

روپی

rupje

د نغدي پيسو خای

bankomat

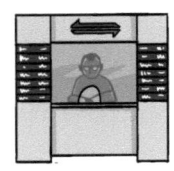

د اسعارو د تبادلی دفتر

pikë këmbimi valutor

سره زر

ar

سپین زر

argjend

تیل

nafta

انرژي

energji

نرخ

çmim

قرارداد

kontratë

مالیه

taksë

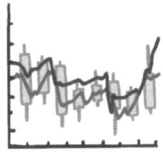

اسهام

aksione

کار کول

punoj

کارمند

punonjës

کار ګومارونکی

punëdhënës

فابریکه

fabrikë

پلورنځی

dyqan

مسلکونه
profesionet

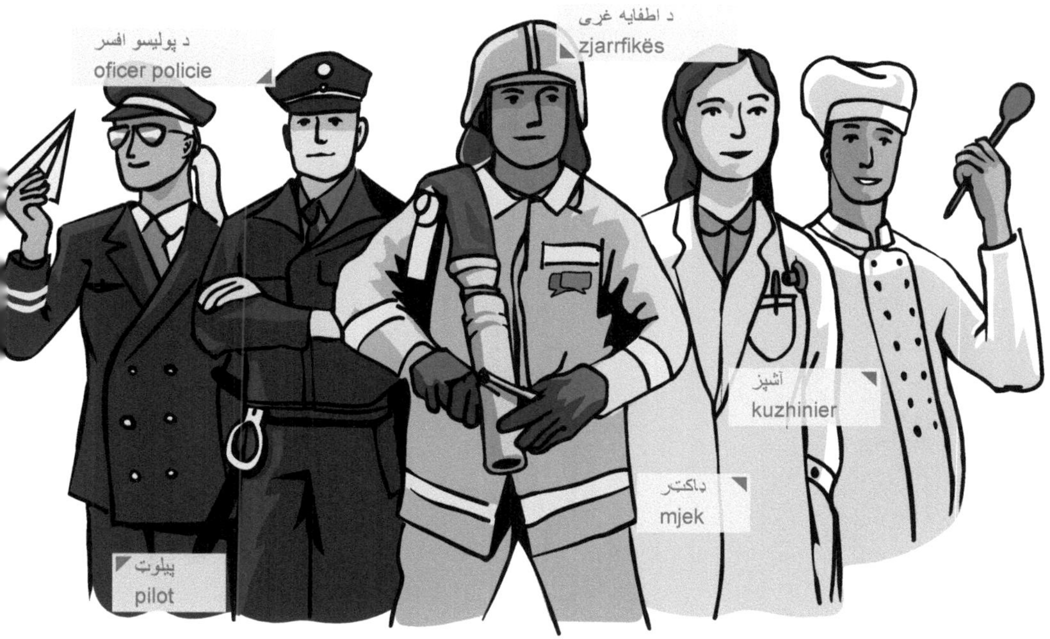

د پولیسو افسر
oficer policie
د اطفایه غړی
zjarrfikës
آشپز
kuzhinier
داکتر
mjek
پیلوټ
pilot

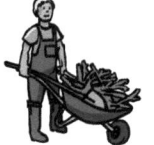

باغوان

kopshtar

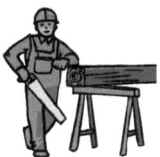

نجار

marangoz

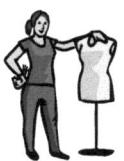

خیاط

rrobaqepëse

قاضي

gjykatës

کیمیا پوه

kimist

د فلم لوبغاړی

aktor

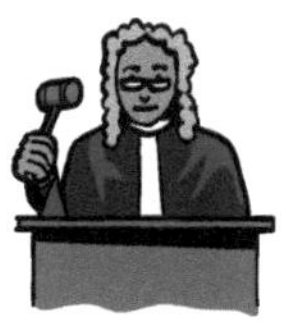

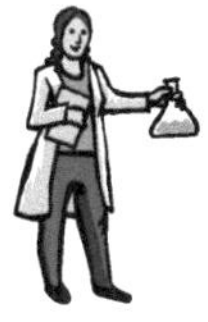

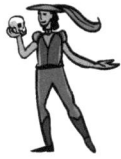

د بس ډرايور

shofer autobuzi

د ټيکسي ډرايور

taksist

کب نيونکی

peshkatar

خدمه

pastruese

بام جوړونکی

riparues çatish

پيشخدمت

kamarier

ښکاري

gjuetar

نقاش

piktor

نانوا

furrxhi

د برېښنا کارکونکی

elektriçist

تعمير جوړونکی

ndërtues

انجنير

inxhinier

قصاب

kasap

نلدوان

hidraulik

پوست رسونکی

postieri

سرتیری

ushtar

مهندس

arkitekt

صراف

arkëtar

مالیار

luleshitës

نایی

berber

کلیندر

kontrollor

میکانیک

mekanik

کپتان

kapiten

د غاښونو ډاکتر

dentist

ساینس پوه

shkencëtar

شاغلی

rabin

امام

imam

مذهبي نفر

murg

پادري

klerik

لوازم
mjete

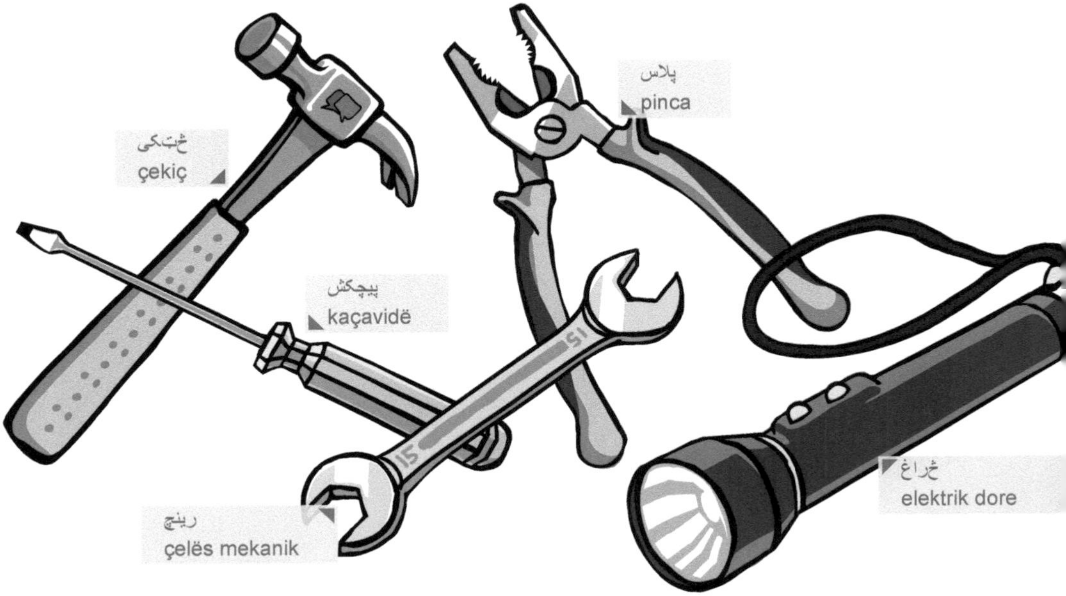
څټکی
çekiç
پلاس
pinca
پیچکش
kaçavidë
رینچ
çelës mekanik
څراغ
elektrik dore

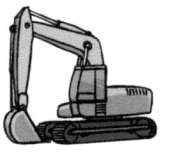

کنستونکی

ekskavator

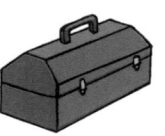

د لوازمو بکس

kuti veglash

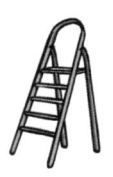

زینه

shkallë

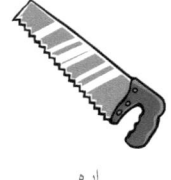

اره

sharrë

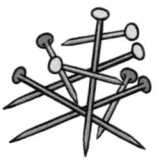

میخونه

gozhdë

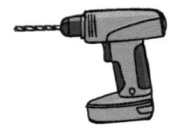

برمه

trapan

ترميم كول

riparoj

بيل

lopatë

لعنت!

Dreq!

خاک انداز

kaci

مشوانۍ

kuti boje

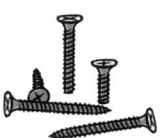

پيچونه

vidhë

د ميوزيک آلات

instrumenta muzikorë

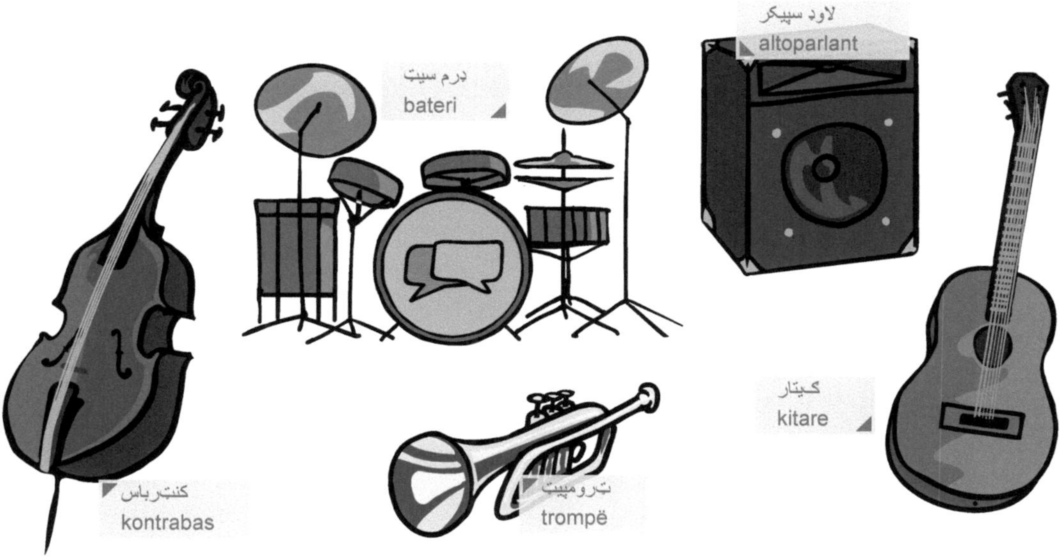

لاود سپيکر
altoparlant

درم سيت
bateri

کيتار
kitare

کنترباس
kontrabas

تروميپت
trompë

پيانو
....
piano

واىلن
....
violinë

باس
....
bas

نغاره
....
tamburë

ډرمونه
....
daulle

درو بي كي
....
tastierë pianoje

سيكسافون
....
saksofon

شپيلى
....
flaut

مايكروفون
....
mikrofon

د ميوزيک آلات - instrumenta muzikorë

ژوبڼ

kopsht zoologjik

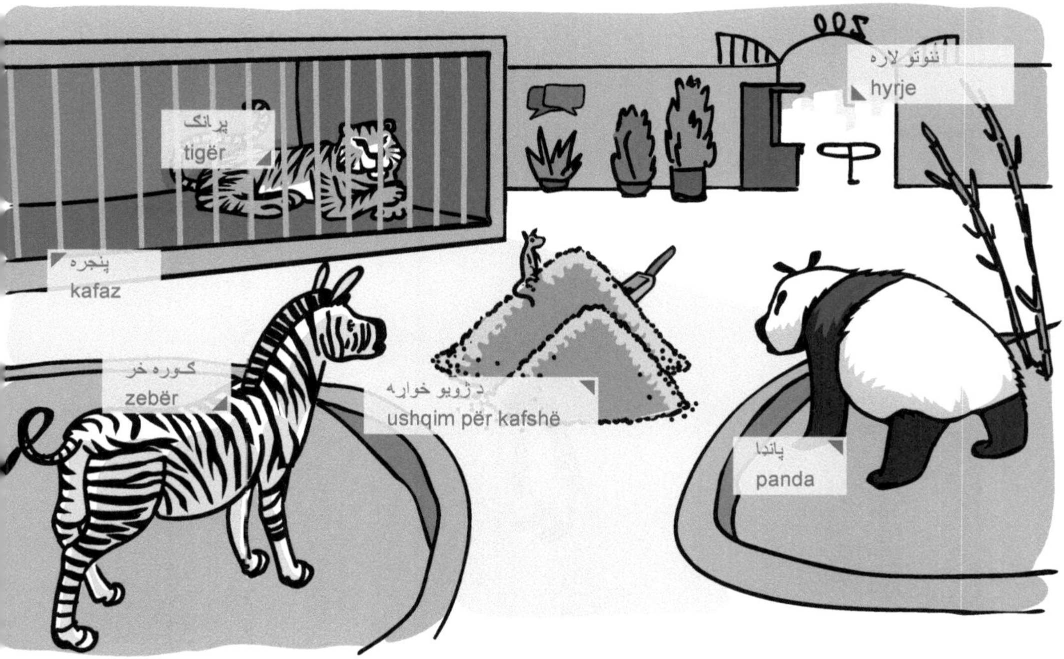
ننوتو لاره
hyrje
پړانګ
tigër
پنجره
kafaz
ګوره خر
zebër
د ژويو خواړه
ushqim për kafshë
پاندا
panda

ژوی
....
kafshë

هاتي
....
elefant

کنګرو
....
kangur

د اوبو اسپ
....
rinoceront

ګوريلا
....
gorillë

ايږه
....
ari

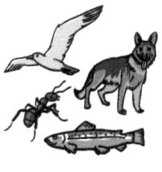

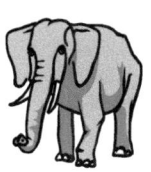

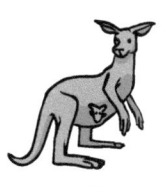

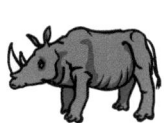

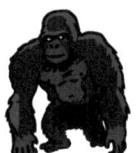

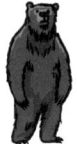

اوبش

deve

ۇشترمرغ

struc

زمری

luan

بيزو

majmun

غزی

flamingo

طوطی

papagall

ﻗﻄﺒﻲ ﺍﻳﺮﻩ

ari polar

ﭘﻴﻨﮕﻮﻳﻦ

pinguin

شارک

peshkaqen

طاوس

pallua

مار

gjarpër

تمساح

krokodil

ژوبن ساتونکی

punonjës i kopshtit zoologjik

سيل

fokë

جگوار

xhaguar

يابو
poni

پرانگ
leopard

هيپو
hipopotam

زرافه
gjirafë

باز
shqiponjë

نرخوگ
derr i egër

کب
peshk

شمشتی
breshkë

سمندري نولی
lopë deti

گيدره
dhelpër

هوسی
gazelë

امریکایی فټبال
futboll amerikan

سایکل ځغلول
çiklizëm

ټينيس
tenis

باسکيټبال
basketboll

لامبو
not

د کنګل هاکي
hokej mbi akull

باکسينګ
boks

فټبال
....
futboll

کسيزه
....
badminton

د ځغاستي لوبی
....
atletikë

د هنډبال
....
hendboll

سکي
....
ski

پولو
....
polo

تويب وهل
hidhem

غاړه ورکول
pёrqafoj

خندل
qesh

کرخيدل
eci

سندري ويل
kёndoj

خوب ليدل
ёndёrroj

عبادت کول
lutem

مچو کول
puth

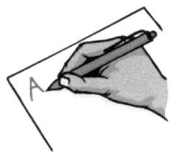

ليکل
shkruaj

کښنل
vizatoj

ښودل
tregoj

ټيله کول
shtyj

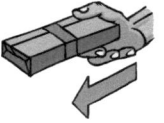

ورکول
jap

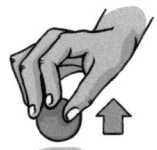

اخيستل
marr

دلولردل

kam

کول

bëj

پاییدل

jam

ودریدل

qëndroj

مندی وهل

vrapoj

راکبنل

tërheq

کوزارل

hedh

لویدل

bie

خملاسنتل

shtrihem

انتظار کول

pres

ورل

mbaj

کبنیناسنتل

ulem

پوشباک اغوسنتل

vishem

ویده کیدل

fle

پاخیدل

zgjohem

كتل

shikoj

ژرل

qaj

بريد كول

përkëdhel

گـمذخ كول

kreh

خبرى كول

bisedoj

پوهيدل

kuptoj

غوښتل

kërkoj

اوريدل

dëgjoj

څښل

pi

خورل

ha

پاكول

sistemoj

مينه كول

dashuroj

پخلى كول

gatuaj

موتر چلول

drejtoj makinën

الوتل

fluturoj

بیری ی چلول
lundroj

حساب
llogaris

لوستل
lexoj

ز ده کول
mësoj

کار کول
punoj

واده کول
martohem

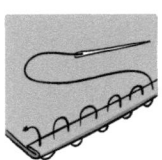

کـندل
qep

د غاښونو برس کول
laj dhëmbët

وژل
vras

سگرت څکښل
tymos

لیرل
dërgoj

کورنۍ
familje

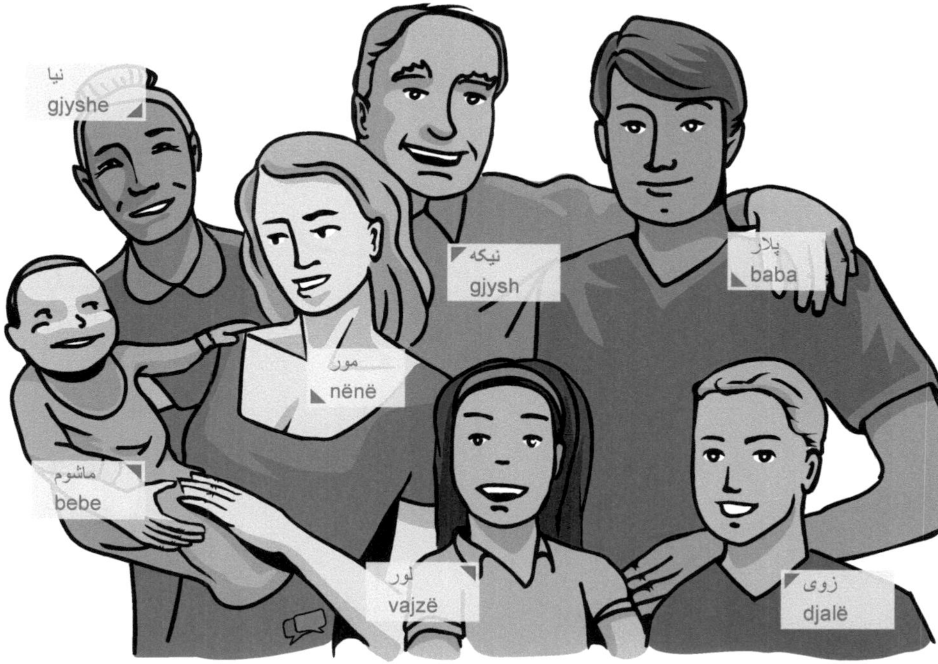
نیا
gjyshe
نیکه
gjysh
پلار
baba
مور
nënë
ماشوم
bebe
لور
vajzë
زوی
djalë

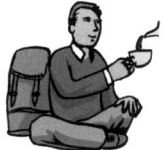

میلمه

mysafir

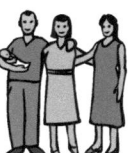

ترور

teze, hallë

کاکا/ماما

dajë, xhaxha

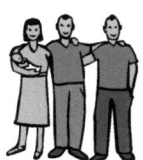

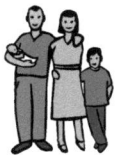

ورور

vëlla

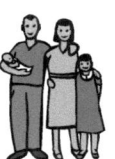

خور

motër

بدن

trupi

تندی
balli
سترګې
syri
اوږه
shpatulla
ګوته
gishti
مخ
fytyra
زنه
mjekra
لاس
dora
پښه
këmba
سینه
kraherori
مټ
krahu

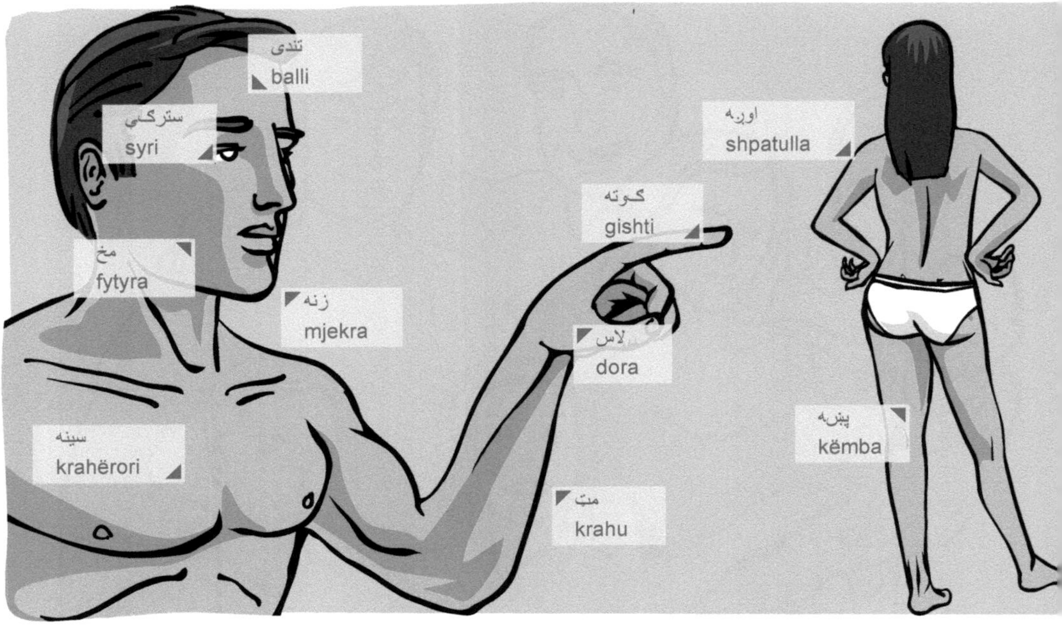

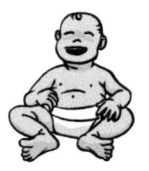

ماشوم

bebe

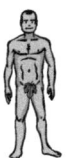

سړی

burrë

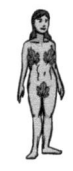

ښځه

grua

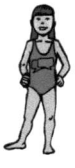

انجلۍ

vajzë

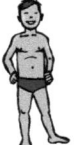

هلک

djalë

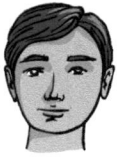

سر

koka

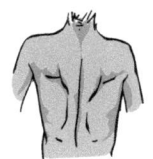

شاا

shpina

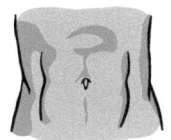

خیټه

barku

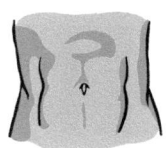

موڼ

kërthiza

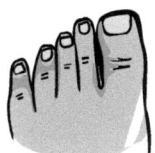

د پښي ګوته

gisht këmbe

پوندہ

Thembra

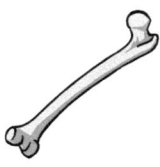

هډوکی

kockë

کوناټی

legeni

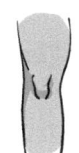

زنګون

gjuri

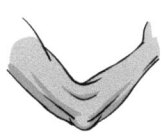

څنګل

bërryli

پوزہ

hunda

لاندی برخه

vithe

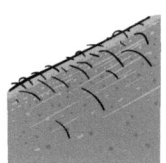

پوټکی

lëkura

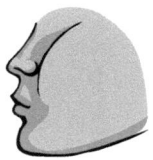

غومبوری

faqja

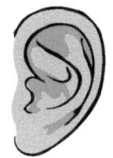

غوږ

veshi

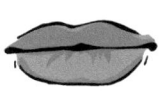

شونډہ

buza

بدن - trupi   69

خوله

goja

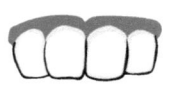

غاښ

dhëmbët

ژبه

gjuha

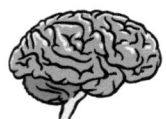

مغز

truri

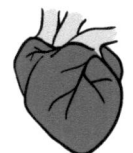

زړه

zemra

عضله

muskul

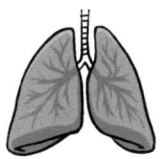

سږی

mushkëria

ځيګر

mëlçia

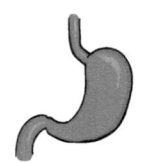

معده

stomaku

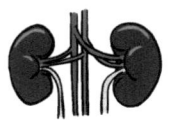

پښتورګي

veshka

جنسي نژدی والی

seks

کاندوم

prezervativ

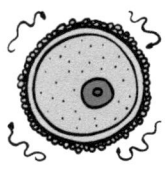

تخمه

veza

مني

sperma

حمل

shtatëzani

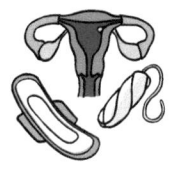

حيض

menstruacione

مهبل

vagina

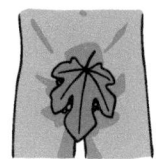

د نارينه تناسلي آله

penis

وروخى

vetulla

ويښتـه

flokët

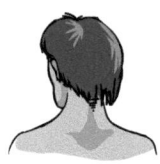

غاړه

qafa

روغتون

spital

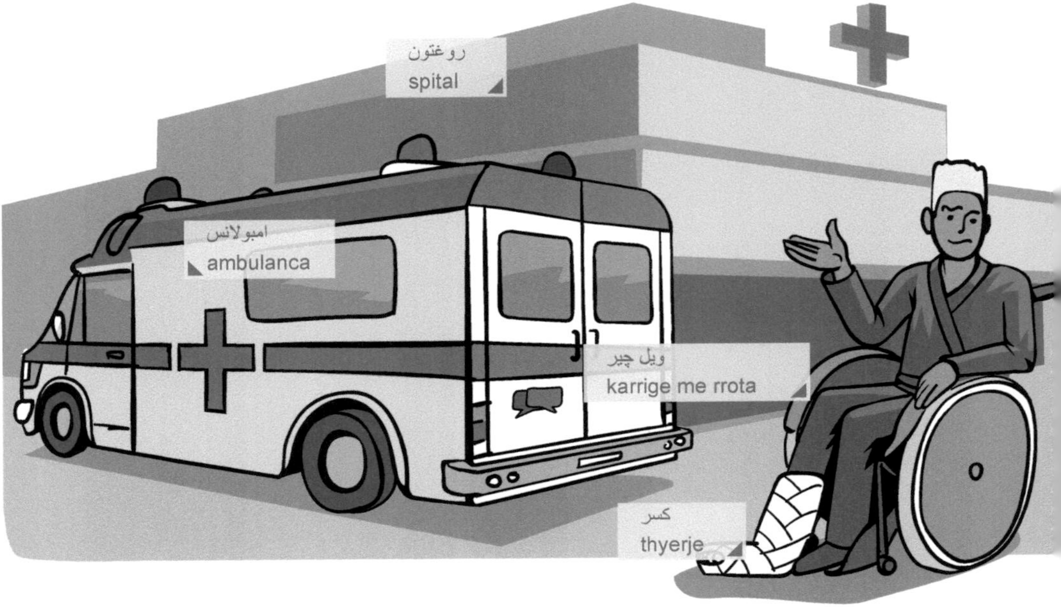

روغتون
spital
امبولانس
ambulanca
ویل چیر
karrige me rrota
کسر
thyerje

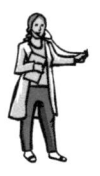

ډاکټر

mjek

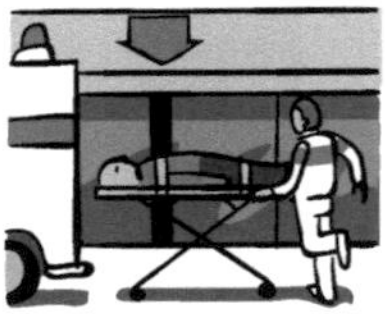

عاجل خونه

sallë urgjencash

رنځورپال

infermiere

عاجل

emergjencë

بې هوش

i pandërgjegjshëm

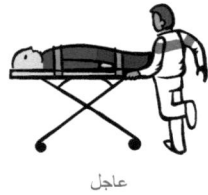

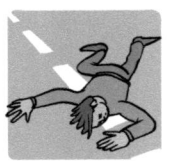

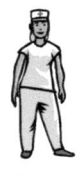

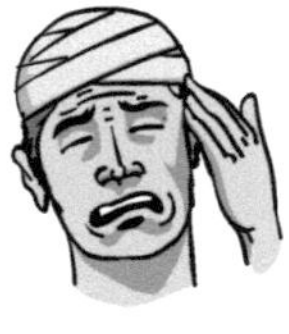

درد

dhimbje

پت

dëmtim

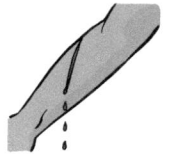

لدیوت هنیو

gjakosje

د زرہ حمله

infarkt

ضرب

goditje

حساسیت

alergji

ختوٸ

kolla

تبه

ethe

انفلوینزا

grip

نس ناستی

diarre

سر درد

dhimbje koke

سرطان

kancer

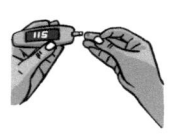

شکر

diabet

جراح

kirurg

سکالپل

bisturi

عملیات

operacion

سي.تي

CT (skaner)

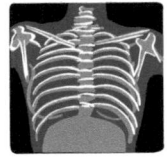

ری ایکس

radiografi

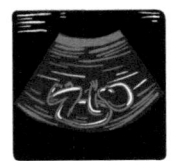

الڤراساوند

ultratingull

د خم ماسک

maskë fytyre

یغوران

sëmundje

انتظار خونه

dhomë pritjeje

آسما

paterica

پلستر

leukoplast

بنداژ

fasho

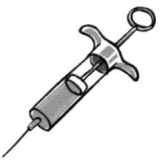

قزریق

injeksion

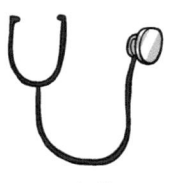

ستاتسکوپ

stetoskop

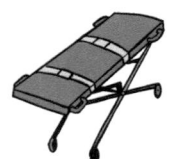

تسکیره

barelë

کلینکي ترماميتر

termometër

زیږون

lindje

زیات وزن

mbipeshë

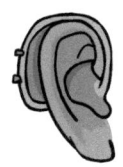

د اواريدو مرسته

aparat dëgjimi

د عفونيت ځخه پاکونکي مواد

dezinfektant

عفونيت

infeksion

ويروس

virus

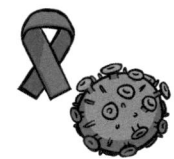

ايچ.آي.وي/ايدز

HIV / AIDS

لمرد

mjekësi, mjekim

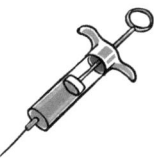

واكسين

vaksinim

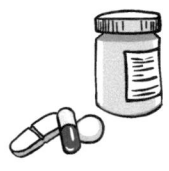

ستيابليت

tableta

ىلولک

pilulë

عاجل تليفون

telefonatë emergjence

د وينې د فشار څارونکی

aparat tensioni

غاروغلاوران

i sëmurë / i shëndetshëm

مرسته!

Ndihmë!

الارم

alarm

يرغل

sulm

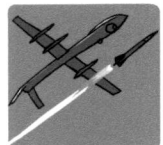

بريد

atak

خطر

rrezik

هراړ لاجع

dalje emergjence

اور!

Zjarr!

د اور وژونکی

fikëse zjarri

ه‌پيښ

aksident

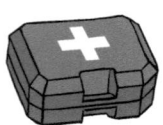

د لومړی مرستي لوازم

kuti e ndimës së shpejtë

ايس.او.ايس

SOS

پوليس

policia

اروپا

Europa

شمالي امریکا

Amerika e Veriut

سهیلي امریکا

Amerika e Jugut

افریقا

Afrika

آسیا

Azia

آستریلیا

Australia

اتلانتیک

Atlantiku

پاسیفیک

Paqësori

د هند بحر

Oqeani Indian

جنوبي منجمد بحر

Oqeani Antarktik

د شمال قطب بحر

Oqeani Arktik

شمالي قطب

Poli i veriut

سهیلی قطب

Poli i Jugut

انتارکتیکا

Antarktida

خُمکه

toka

خُمکه

tokë

بحر

det

تاپو

ishull

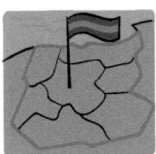

ملت

komb

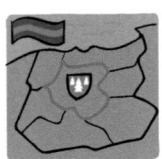

دولت

shtet

orë

د مخی ساعت

fusha e orës

د ساعت ستنه

akrepi i orës

د دقیقی ستنه

akrepi i minutave

د ثانیی ستنه

akrepi i sekondave

څه وخت دی؟

Sa është ora?

ورځ

ditë

وخت

kohë

اوس

tani

ساعت دیجیتل

orë dixhitale

دقیقه

minutë

ساعت

orë

javë

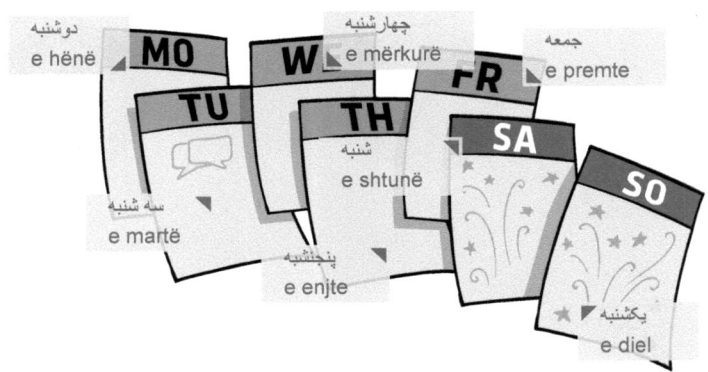

دوشنبه
e hënë

چهارشنبه
e mërkurë

جمعه
e premte

شنبه
e shtunë

سه شنبه
e martë

پنجشنبه
e enjte

یکشنبه
e diel

پرون
....
dje

نن
....
sot

سبا
....
nesër

سهار
....
mëngjes

غرمه
....
mesditë

ماښام
....
mbrëmje

MO	TU	WE	TH	FR	SA	SU
1	2	3	4	5	6	7
8	9	10	11	12	13	14
15	16	17	18	19	20	21
22	23	24	25	26	27	28
29	30	31	1	2	3	4

کاري ورځي
....
ditë pune

MO	TU	WE	TH	FR	SA	SU
1	2	3	4	5	6	7
8	9	10	11	12	13	14
15	16	17	18	19	20	21
22	23	24	25	26	27	28
29	30	31	1	2	3	4

د اونۍ پای
....
fundjavë

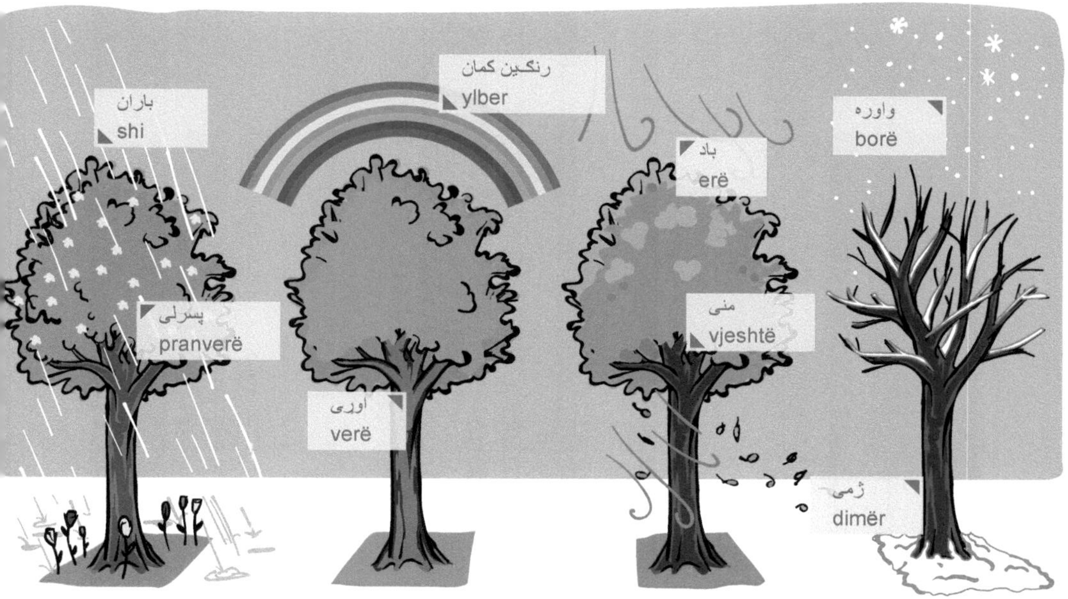

باران
shi
رنګین کمان
ylber
باد
erë
واوره
borë
پسرلی
pranverë
اوړی
verë
منی
vjeshtë
ژمی
dimër

4.APRIL 11°
5.APRIL 4°
6.APRIL 13°
7.APRIL 8°
8.APRIL 10°

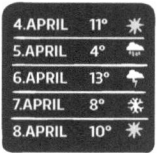

د موسم وړاندوینه

parashikimi i motit

F
C
120
90
60
30
0
-30
40
30
20
10
0
-10
-20

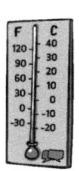

ترمومیټر

termometër

د لمر وړانګې

ndriçim dielli

وریځ

re

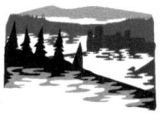

لړه

mjegull

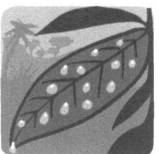

رطوبت

lagështi

رپنا

vetëtima

تندر

gjëmim

توفان

stuhi

ژلی وریدل

breshër

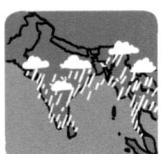

مون سون باران

muson

سیلاب

përmbytje

یخ

akull

جنوري

janar

فبروري

shkurt

مارچ

mars

اپرېل

prill

می

maj

جون

qershor

جولای

korrik

اگست

gusht

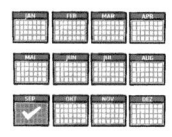

سپتمبر
....
shtator

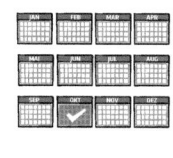

اکتوبر
....
tetor

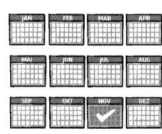

نومبر
....
nëntor

دسمبر
....
dhjetor

forma

دایره
....
rreth

مربع
....
katror

مستطیل
....
drejtkëndësh

مثلث
....
trekëndësh

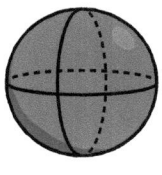

توپ
....
sferë

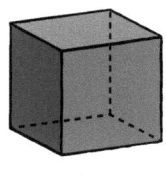

فال
....
kub

سپين

e bardhë

ژير

e verdhë

نارنجي

portokalli

کلابي

rozë

سور

e kuqe

ارغواني

vjollcë

نيلي

blu

شين

e gjelbër

نسواري

kafe

خر

gri

تور

e zezë

خورا ډیر/خورا لږ

shumë / pak

قار/ارام

i nevrikosur / i qetë

ښکلی/بدشکله

i bukur / i shëmtuar

پیل/پای

fillim / fund

لوی/کوچنی

i madh / i vogël

روښانه/تیاره

i ndritshëm / i errët

ورور/خور

vëlla / motër

پاک/ککر

e pastër / e pistë

مکمل/نامکمل

e plotë / jo e plotë

ورځ/شپه

ditë / natë

مړ/ژوندی

gjallë / vdekur

پراخه/نرى

i gjerë / i ngushtë

د خوراک ور/نه خورل کیدونکی

i ngrënshëm / i
pangrënshëm

بد/مهربان

i keq / i këndshëm

پاریدلی/بی خونده

i lumtur / i mërzitur

چاق/وچ

i shëndoshë / i dobët

لومړی/وروستی

e para / e fundit

ملګری/دښمن

mik / armik

ډک/تش

plot / bosh

سخت/نرم

e fortë / e butë

درون/سپک

e rëndë / e lehtë

لوږه/تنده

uri / etje

ناروغ/روغ

i sëmurë / i shëndetshëm

غیرقانوني/قانوني

e paligjshme / e ligjshme

هوښیار/ساده

i zgjuar / budalla

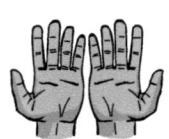

کین/ښی

majtas / djathtas

نزدې/لري

afër / larg

زوړ/زوړ

e re / e përdorur

هيڅ/يو څه

asgjë / diçka

بوډا/ځوان

i moshuar / i ri

چالا/د بند

ndezur / fikur

خلاص/ترلی

hapur / mbyllur

غلی/ورغر

i qetë / i zhurmshëm

بډای/غریب

i pasur / i varfër

صحیح/غلط

e drejtë / e gabuar

زبر/ملایم

i ashpër / i butë

خفه/خوش

i mërzitur / i lumtur

لنډ/اوږد

i shkurtër / i gjatë

سست/گرندی

ngadalë / shpejt

لوند/وچ

i lagësht / i thatë

کرم/یخ

ngrohtë / freskët

جکړه/سوله

luftë / paqe

numra

0	**1**	**2**
صفر	يو	دوه
zero	një	dy

3	**4**	**5**
دري	څلور	پنځه
tre	katër	pesë

6	**7**	**8**
شپږ	اوه	اته
gjashtë	shtatë	tetë

9	**10**	**11**
نهه	لس	يوولس
nentë	dhjetë	njëmbëdhjetë

12

سلود

dymbëdhjetë

13

سلارديد

trembëdhjetë

14

سلاراوخ

katërmbëdhjetë

15

پذخلس

pesëmbëdhjetë

16

سرابشِ

gjashtëmbëdhjetë

17

سلووو

shtatëmbëdhjetë

18

اتلس

tetëmbëdhjetë

19

نسلون

nentëmbëdhjetë

20

شل

njëzetë

100

سل

qind

1.000

رز

mijë

1.000.000

نويليم

milion

انگلسي

anglisht

امریکایی انگلسي

anglishte amerikane

چینایی مندرین

kinezisht mandarin

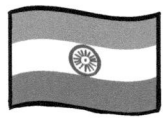

هندي

hindi

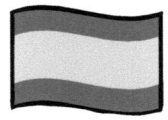

هسپانوي

spanjisht

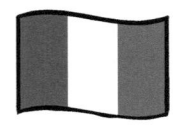

فرانسوي

frëngjisht

عربي

arabisht

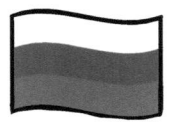

روسي

rusisht

پرتگالي

portugalisht

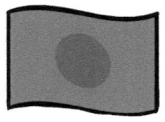

بنگالي

bengalisht

آلماني

gjermanisht

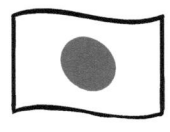

جاپاني

japonisht

زه

unë

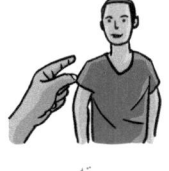

ته

ti

هغه/دغه/دا

ai / ajo

موږ

ne

تاسې

ju

دوی/هغوی

ata

څوک؟

kush?

څه؟

çfarë?

څنګه؟

si?

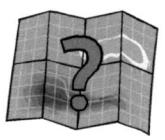

چیری؟

ku?

کله؟

kur?

نوم

emër

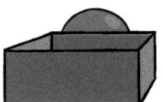

شاته

pas

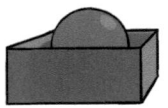

پﻪ

në

پﻪ مخﻪ کی

përballë

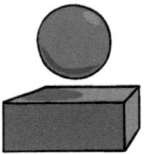

باندي

sipër

پﻪ

mbi

لاندي

poshtë

برسيره پر

pranë

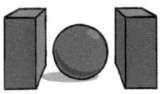

ترمينځ

midis

ځای

vend